KB126450

우리도 아파트에 삽니다

우리도 아파트에 삽니다

2021년 11월 11일 초판 1쇄 발행
2024년 6월 5일 초판 4쇄 발행

지은이·김도요 이광식
펴낸이·김홍용
편집·김도요
삽화·심희영 @renapencil
펴낸곳·사회복지법인 동행
주소·여수시 소라면 화양로 1953
전화·061-818-1023
팩스·070-8260-9095
이메일·kimdoyo@dbw.or.kr
인스타·@together.1963
출판등록·2020년 6월 10일 (제 2020-3호)

ⓒ김도요 이광식 2021
ISBN 979-11-971051-7-3

우리도 아파트에 삽니다

난생처음, 아파트에 살며 부딪치고 헤쳐나가며
세상에 스며드는 장애인들의 아름다운 성장 이야기

글 김도요 · 이광식

동행

프롤로그

　30명의 중증 장애인이 30평쯤 되는 아파트에 4명 혹은 5명씩 살고 있다. 이들이 비장애인과 다르지 않도록 일상의 삶을 살 수 있게 돕는 사회복지사는 19명으로 24시간 교대 근무를 한다. 이곳이 바로 아파트형 장애인 거주 시설 동행빌리지다.

　동행빌리지에서 생활하는 장애인들은 80명 정원의 대규모 장애인 거주 시설 동백원에서 살던 사람들이었다. 동백원은 1987년에 지어져 1988년 1월에 개원했다. 2층 벽돌 건물로 긴 복도를 두고 양쪽에 방이 있는 형태다. 한 방에는 4-5명이 생활하고 화장실은 공용으로 쓴다.

　반면 동행빌리지는 아파트 여러 채로 구성되어 있다.

짧게는 5년, 길게는 30년을 살던 동백원을 떠나 2020년 1월, 아파트로 구성된 동행빌리지로 삶의 터전을 옮겨왔다. 학교에 다니고 있는 10대 청소년부터 환갑이 넘은 어르신까지 다양하게 아파트로 이사를 가겠다고 손을 들었다. 장애 유형은 지적장애가 가장 많고, 뇌병변 장애가 그 뒤를 잇는다.

아파트를 구할 때 여러 가지를 신경 썼다. 첫 번째는 장애 특성상 쿵쿵 걷거나, 목발 혹은 휠체어의 소음이 있을 수 있어 1층을 구하려 노력한 것이고, 두 번째는 조금이라도 가까이에 집들을 얻으려고 한 것이고, 세 번째는 지어진 지 20년이 다 된 오래된 아파트라 리모델링이 된 집을 구하려 한 것이다. 1층을 구하는 것은 매우 어려운 일이었다. 매물 자체가 많지 않았다. 그래도 8채 중 2채가 1층이다.

조금이라도 가까이에 집들을 얻으려고 한 것은 지원인력 수 때문이었다. 직원들의 숫자가 충분하지 않다 보니 여러 홈들을 오가며 서비스를 지원할 일이 많을 터였다. 이동거리가 길면 그만큼 입주 장애인을 도울 시간이 줄어든다. 그렇다고 한 동에 여러 채를 구해 사는 것은 피했다. 그러면 정말 기존의 '시설'과 다를 바 없을 것 같았기 때문이다. 최대한 평범하게, 지역사회에 스며드는 것이 우리의 목적이었다. 그래서 한 동에 2채씩, 총 네 개 동에 집을 얻었다.

리모델링 된 집을 구하는 것은 조금 더 쉬운 일이었다. 지어진 지 오래된 아파트다 보니 대부분 어느 정도의 수리는 해놓은 상태였기 때문이다. 그래서 집마다 특색이 다 다른 것은 생각하지 못했던 장점이다. 아파트가 언덕 위에 있어 경사가 심하지만, 덕분에 바다뷰가 멋지게 펼쳐지는 집도 있다.

다음은 이 책에 등장하는 인물이다. 한 집에 4명씩 살지만 등장하지 않는 사람들은 생략했다.

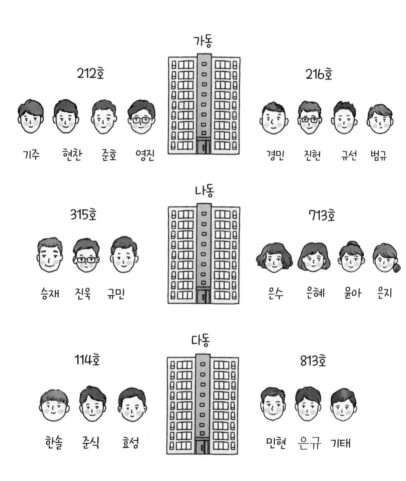

가동

212호

기주 현찬 준호 영진

216호

경민 진현 규선 범규

나동

315호

승재 진욱 규민

713호

은수 은혜 윤아 은지

다동

114호

한솔 준식 효성

813호

민현 은규 기태

호칭은 대부분 '-씨'로 통일했지만, 50대 이상 분들은 '어르신', '아저씨' 등 직원들이 직접 부르는 호칭으로 표시했다. 동행빌리지에서 생활하는 장애인은 '입주자'라고 부른다. 입주 계약서도 쓴다. 당당히 한 개인으로서 동행빌리지라는 집을 선택해 입주한 생활인이라는 뜻을 담았다.

직원이라고 표현한 사람들은 모두 사회복지사다. 직원은 한 집마다 1명씩 배치되기 어려워 오늘도 분주하게 여러 집을 오간다. 아주 사소한 일상생활부터 취미 생활, 구직활동까지 개인의 삶이 각각 특별하도록, 그러면서도 남들과 다를 바 없도록, 또 그 안에서도 다채롭고 풍성하도록 돕고 있다.

이 책은 그렇게 살아가는 삶에 대한 기록이다. 외딴 섬처럼 살아가는 장애인이 아니라 장애가 있어도, 조금 불편해도 비장애인의 삶과 다르지 않게 살아가고자 하는 도전기다.

정든 고향(동백원)을 떠나 다양한 사람들이 사는 공동

주택 '아파트'라는 곳에서 마주한 우리 사회의 차가운 민낯부터 사람 사는 세상의 따뜻함까지 두루 겪은 경험담이다. '보통의 삶'을 살기 위해 하나씩 배워 나가는 적응기다.

이 책에 등장하는 장애인은 무섭거나 두려운 사람이 아니고, 평범한 사람이다. 어디를 가야만 만날 수 있는 특별한 사람이 아니고 바로 우리 옆에서 살고 있는 이웃이다. 조금 다르지만 같은 사람들이다.

인구밀도가 낮은 뉴질랜드나, 총 인구 수가 적은 스웨덴에 가면 길거리에서 쉽게 장애인을 만날 수 있다. 그런데 우리나라에서는 장애인을 마주치기 힘들다. 뉴질랜드나 스웨덴에 장애인이 더 많아서일까. 전혀 그렇지 않다. 그곳은 장애인의 '이동권'이 보장되어 있고 우리나라는 그렇지 않기 때문이다.

장애인에게 편하면 모두에게 편하다. 유아차를 끄는 어린 자녀를 둔 부모에게도 편하고, 지팡이를 짚는 할머니, 할아버지에게도 편하다.

이 책을 통해 장애인에 대한 사람들의 인식이 조금 더 나아지기를, 우리 사회가 장애인에게 조금 더 친절해지기를 소망해본다.

이 책의 에피소드들은 모두 동행빌리지의 직원들이 작성한 '홈 일지'를 바탕으로 재구성했다. 아파트에서 생활하면서 중점을 둔 것 중 하나는 우리의 일상을 기록하는 것이었다. 중증 장애인이 아파트라는 거주형태에서 생활하는 경우가 많지 않기에 우리의 기록이 역사가 될 것이라고 믿었기 때문이다. 이사 오던 날, 엘리베이터에서 이웃을 마주친 날, 마트에 처음 가던 날 등 모든 것을 짤막하게나마 기록하기 위해 노력했다. 그 기록들이 쌓여 우리의 시작을 알리는 책으로 묶여 나오게 되었다.

운영을 시작한 지 이제 1년 10개월. 동행빌리지 입주자와 직원들은 앞으로도 수많은 벽에 부딪히고, 다양한 상황에 적응해야 할 것이다. 여전히 장애인과 함께 산책하면서 따가운 시선을 받기도 하고, 장애인이 같은 아파트에 살아 불안하다는 민원이 들어오기도 한다. 그럼에도 꿋꿋하게 우리는 장애인과 비장애인이 '더불어 사는 세상'을 위해 계속해서 노력해 나갈 것이다. 헤쳐나가고, 스며들 것이다.

이 자리를 빌어 지금도 아파트 단지를 오가며 구슬땀을 흘리고 있는 동행빌리지의 모든 직원분들에게 감사드린다. 오늘도 우리는 차이가 차별이 되지 않는 세상을 꿈꾼다.

2021. 11. 김도요 이광식

✿ 이해를 돕습니다
이 책에 나오는 이름, 지명은 모두 가명으로 처리했지만 모두 아름다운 여수 바다가 보이는 아파트에서 살고 있는 실제 인물들입니다.

CONTENTS

2장 헤쳐 나가다

3장 스며들다

1장

부딪치다

여기는
사람 사는 곳이에요

"거기 동백원이죠?"

수화기를 들자마자 날아든 목소리가 날카로웠다.

"동백원에서 우리 아파트를 산 게 맞아요? 앞으로 장
애인들이 살 거예요?"

직원은 전화를 받자마자 왜 죄인처럼 추궁을 당해야 하는지 알 수 없었지만 숨을 고르고 차분하게 대답했다.

"네, 아파트를 구입한 것이 맞습니다. 앞으로 장애인들이 거주할 예정이고요. 그런데 혹시 전화 주신 분은 누구실까요?"

"저도 그 아파트 살아요. 아니 근데……, 여기는 사람 사는 곳이에요. 내가 여기 오래 살려고 리모델링까지 다 했는데……. 하~ 나~ 참, 이사 가야겠네."

말문이 막혔다. 사람 사는 곳. 장애인은 사람이 아니라는 말인가. 대답할 말을 찾지 못해 망설이는 사이 다시 수화기를 뚫고 목소리가 날아들었다.

"장애인이면 뭐 집에서 휠체어 타고 그래요? 여기 아파트 층간 소음 심한 거 알죠? 여긴 옆집 소리도 다 들린다고요."

날카로운 말들에 생살이 베이는 기분이었다. 그렇게 대답할 틈을 주지 않고 전화가 끊겼다. 뚜뚜뚜……, 신호음이 들렸지만 차마 수화기를 내려놓지 못했다.

아……! 아직도 우리나라 인식은 이 정도구나. 장애인은 사람 취급도 안 해주는구나. 번듯한 아파트에서 사는 것도 눈치가 보이는구나.

7년 전이 떠올랐다. 동백원과 같은 부지에 있던 중증 장애인 요양시설 '가나헌'의 30년 넘은 건물이 안전진단 D등급을 받아 새로 지어야 하는 상황에 놓이게 되었다. 가나헌을 운영하는 사회복지법인 동행에서는 시골에 한적한 땅을 새로 구입했다. 주변에 집은 3채밖에 없었고, 산과 논밭으로 둘러싸인 땅이었다.

지금까지 장애인 거주 시설 대부분은 최대한 도심과 멀리 떨어지고, 교통이 불편한 곳에 지어졌다. 님비 현상 때문이다. 장애인 거주 시설이 내 집 근처에 들어온다고 하면 시위도 서슴지 않는다. 그렇게 외딴 곳에서 살아야 하는 것이 장애인 거주 시설에서 살아야 하는 장애인들의 삶이었다. 가나헌이 새로 지어질 땅은 그 조건에 부합하는 듯했다.

그러나 막상 가나헌을 짓기 위한 공사가 시작되자 마

을에선 난리가 났다. 가나헌이 지어질 자리에서 차로 이동해야 하는 거리에 사는 사람들까지 몰려들어 이런 '혐오시설'은 들어오면 안 된다고 시위를 했다. 혐오시설이 들어오면 친환경 농사를 지을 수 없다는 것이 그 이유였다. 도통 이해가 가지 않는 인과관계였다.

마을회관에서 설명회를 열었다.

"우리는 '혐오시설'이 아닙니다. 장애인들이 사는 그저 조금 큰 집일 뿐입니다."

아무리 이야기해도 우리의 목소리는 마을 사람들에게 닿지 않았다. 무릎을 꿇고 말하라며 소리치는 사람들도 있었다. 공사는 지연되었다.

지역 주민들의 억지스러운 반대에 눈물이 났지만 우리 편은 아무도 없었다. 주무관청인 여수시에서는 그저 조용히 해결하라는 말뿐이었다. 두 달여를 참으면서 협상을 하는데 아무런 진전이 없었다. 결국 우리의 경제적, 정신적 손해에 대한 배상을 요구하는 통지서를 작성하여 내용증명으로 반대에 앞장선 동네 주민들 모두에게 보냈다. 그렇게 우여곡절 끝에 공사가 시작되었고 지금은 잘 지내고 있다.

그래서 이번 동행빌리지의 거주 형태를 아파트로 택한
이유도 있었다. 7년 전의 그 시위는 다시 겪고 싶지 않은
일이었기 때문이다.

아파트를 매수할 때는 앞집, 옆집, 아래윗집에 허락을
맡지 않아도 되니 무난히 입주할 수 있을 것이라 생각했
다.

아파트에 입주하면서 이웃에 떡을 돌리며 우리를 소개
하는 모습을 상상해왔는데, 그런 인사를 하기도 전에, 심
지어 이사를 가기도 전에 거부를 당했다. 서글프고, 화도
났다.

며칠 후 다시 한 번 전화가 왔다.

"좋아요. 장애인이 사는 거 좋은데, 그럼 여자 장애인
으로 해주세요. 휠체어를 안 타면 더 좋겠어요."

마치 '내가 허락하겠다'는 뉘앙스였다. 누가 옆집 허락
을 받고 이사를 간단 말인가? 우리가 장애인 시설이 아니

었다면 겪지 않아도 될 수모였다. 하지만 앞으로 이웃으로 살게 될 텐데 얼굴을 붉히고 싶지 않아 최대한 감정을 누르며 말했다.

"아직 누가 그 집에 살게 될지는 정해지지 않아서요. 그 부분에 대해서는 확답을 드릴 수 없습니다."

이사 가기도 전에 이웃이 무서워졌다.

'여기는 사람 사는 곳이에요!'

한동안 동백원 직원들의 가슴을 짓누르면서 다가온 말이었다.

우리끼리 매일 서로를 보며 쓴웃음을 지었다.

'거기는 사람 사는 곳이래.'

더욱 포기할 수 없었다.

사람 사는 곳에 사람이 살러 가는 것이 무엇이 문제인가?

아파트에서 꼭 잘 살아 내리라 하는 오기가 생겼다.

우리 아파트에
살아도 되나요?

　　장애인 거주 시설 동백원이 여수에 자리 잡
은 지도 어느새 30년이 훌쩍 넘었다. 1988년에 개원한 2
층짜리 빨간 벽돌 건물이 세상의 풍파를 견뎌온 지도 35
년이다. 지금은 동백원 주변까지 개발이 되어 시내와 많이 가까워지긴 했지만 처음 지어질 당시만 해도 한적한 시골이었다.

　개원 당시에는 100명의 장애인이 생활했다. 대부분 지체장애인으로 뇌병변 장애가 많았으며 척추 장애 등 중도 장애인들도 많았다. 동백원은 초기부터 인지능력에 장애가 없는 사람들이 자립 생활을 할 수 있도록 일자리 만들기에 많은 노력을 기울였다. 그때 시작한 커튼 만들기 사업은 지금까지 이어져 오고 있다.

　30년이 넘는 세월 동안 동백원에서는 자립 생활을 할 수 있는 사람들은 대부분 자립을 하도록 한 상태였다. 직장을 가지고 출퇴근을 하면서 아파트에 홀로 생활하는 사람도 있고 결혼해서 가정을 꾸리며 살아가는 사람도 있었다. 2007년에 시행된 활동보조 서비스[1] 덕분에 '자립'의 꿈에 용기를 내는 것이 좀 더 수월해졌지만 동백원에서는 그전부터 자립 생활을 하도록 많은 노력을 기울였다.

---

[1]　장애인의 자립생활을 돕기 위해 재가 장애인을 대상으로 활동지원사를 파견하여 가사, 간병, 사회활동을 지원하는 서비스

자립을 해서 나간 빈자리에는 중증 뇌병변 장애인과 발달 장애인이 들어왔다. 지금도 그렇지만 활동보조 서비스도 없던 그 당시에는 중증 장애인을 집에서 돌본다는 것이 너무나 힘들었기에 장애인 거주 시설의 문을 두드릴 수밖에 없었다. 세월이 흐르면서 어린아이로 들어온 장애인과 성인이 될 무렵 공간의 한계를 느낀 동백원은 정원을 80명으로 줄였다.

　그러다 2012년 개정된 장애인복지법에는 새로운 장애인 시설의 정원은 30인을 넘지 못한다고 명시되었고 동백원처럼 기존의 대규모 시설들은 소규모화를 추진하도록 했다. 동백원에서도 시설의 소규모화가 필요하다고 느껴 우선 80명의 정원을 50인으로 줄이기로 했다.

　동백원에서 새롭게 분리되는 30인 시설에 대한 많은 고민 끝에 거주형태는 지역 내의 아파트를 택했다. 당시 복지부에서 내놓는 지침에는 '시설의 소규모화를 위해 지역사회 내의 아파트 등 기존 건물 매입비로 지원 가능'이라고 명시되어 있었다.[2] 여수시청과 전남도청의 승인을 얻어 복지부의 담당자까지 충분히 교감한 뒤 사업이 승인되었다.

자립을 하기 어려운 중증의 장애인이 많은 동백원이지만 대규모 단체생활에서 벗어나 좀 더 일반 가정과 같은 환경에서, 지역사회에 밀착되어 보통의 사람들과 별반 다르지 않은 삶을 살도록 하고 싶은 마음이 컸다.

아파트를 구입하기 전, 먼저 아파트형 장애인 거주 시설을 운영하고 있는 곳들을 찾아보았다. 광주와 대구, 부산 등에 아파트형 거주 시설이 이미 있었다. 부지런히 견학을 다녔다. 아파트 구입이나 초기 정착 과정에 대해 많은 조언을 듣고 현재 살고 있는 장애인들의 만족도에 대해서도 알아봤다.

견학을 다니면서 그곳 아파트에서 생활하는 장애인들이 비교적 경증인데 비해 동백원의 장애인들은 너무 중증이어서 과연 가능할까? 하는 의문이 머릿속을 떠나지 않

---

2 2017년 장애인복지시설 사업안내 3권, 보건복지부, p.140

앉다.

하지만 견학을 하면서 설레었고, 가슴이 뛰었다. 장애인과 비장애인의 사회통합을 적극적으로 이루어갈 수 있겠구나 싶었다. 장애인 인식 개선, 배리어프리 같은 단어들이 머릿속에 달콤한 솜사탕처럼 둥둥 떠다녔다.

그렇게 국가 보조금 지원을 받아 아파트 8채를 구입하여 결과 보고서를 제출했는데, 그 사이 복지부의 담당자가 바뀌어 있었다.

"아니 누가 아파트를 사라고 했어요? 아파트에는 식당도 없고, 프로그램실도 없고 치료실도 없는데? 아파트가 어떻게 장애인 거주 시설이에요?"

아파트형 거주 시설이 이미 여러 곳에서 운영되고 있는데 왜 아파트를 샀냐고 다그치니 할 말이 없었다.

우리 사업을 승인한 전(前) 담당자는 아파트 구입을 적극적으로 지지했다. 그런데 새로운 담당자는 아파트는 안 된다고 했다. 담당자에 따라 이랬다저랬다 달라지는 말에 머리가 어지러웠다.

문재인 정부는 '커뮤니티 케어'를 외치고 있었다. 노인도, 장애인도 본인이 살던 곳에서, 지역사회 안에서 서로 도움을 주고받으며 함께 살아가야 한다는 취지였다. 이미 시설 생활을 오래 한 중증 장애인들도 이렇게 아파트에서 거주하는 방식으로 커뮤니티 케어에 한 발짝 다가설 수 있겠다며 설레던 참이었는데 힘이 쭉 빠졌다.

다행히 전라남도와 여수시에서 적극적으로 나서주었다. 행정이 아니라 장애인 개인의 삶을 생각했기 때문에 가능했다. 궁극적으로 장애인의 삶의 질이 높아지는 일이니 한 번 해보자는 말에 눈물이 났다. 국가 보조금이 지원되기 전까지 여수시에서 일부라도 지원하겠다며 시범적으로라도 운영을 해보자고 나섰다.

다시 용기를 내어 동백원에서 생활하는 장애인들을 대상으로 설명회를 열었다. 인지능력이 있는 장애인들에게는 동백원에서 그대로 생활하거나 새로운 아파트로 가서 사는 것에 대해 스스로 선택하도록 했다.

거창하게 준비한 아파트 입주 설명회였는데 별다른 반응이 없었다. 내 집(동백원)에서 나가는 것에 대해 모두가 시큰둥했다. 아파트 생활에 대한 경험이 없다 보니 설레임이나 호기심도 없었다.

전략을 바꿨다. 먼저 아파트로 옮겨 갈 직원을 선발하고 그 직원들이 장애인들을 일대일로 설득하기로 했다. 의사를 밝힌 장애인들의 가족들에게 연락해 동의서를 받았다. 인지능력이 낮은 장애인들은 아파트 생활 가능 여부를 먼저 판단한 뒤 가족들의 동의를 받았다. 이미 동백원의 서비스에 만족하고 있는 가족들은 삶터를 옮기는 것을 망설였다. 설득이 쉽지는 않았다.

그렇게 이사 준비가 진행되었다.

새로운 삶을 위한 출발이었다.

이사 가기 싫어요

동행빌리지 입주 설명회를 듣고 문을 나서
는 영진 씨는 머릿속이 복잡해졌다. '내가 아파트에 살 수
있을까⋯⋯.' 아직은 그 모습이 상상도 되지 않는다. 작년
부터 시설 '소규모화'를 위해 동행빌리지라는 새로운 시

설이 생기고, 아파트에서 생활할 희망자를 모집한다는 이야기를 들었지만, 마음을 정하지 못했다.

한동안 이 소식에 동백원이 시끌벅적했다. 누군가는 빨리 가고 싶다며 언제 가는지 궁금해했고, 또 누군가는 그냥 이곳에서 편하게 살겠다고 했다. 영진 씨의 마음도 이런 분위기 때문인지 매일 바뀌었다.

어제는 아파트로 가겠다고 결심했지만, 오늘은 그냥 여기에서 살고 싶어졌다. 도무지 마음을 정할 수 없었다. 그렇게 시간이 흐를수록 고민은 깊어갔다.

'이 몸으로 아파트에서 잘 살 수 있을까?'

'30년 동안 익숙해진 이곳을 떠나도 되는 걸까?'

오랫동안 장애인 시설에 살아온 영진 씨는 이 익숙함에서 벗어나는 것이 두려웠다.

영진 씨는 어렸을 때 뇌성마비 판정을 받았다. 10살 무렵 처음 동백원에 입소해 어느덧 30년을 살며 동백원 생활에 익숙해졌고 큰 불편함을 느끼지 못했다.

시설에서 꾸준히 재활훈련을 한 덕분에 오른쪽 팔을

움직일 수 있어 전동휠체어를 타고 외출도 가능해졌다. 직원과, 친한 친구들과 함께 날이 좋으면 놀러도 가고 외식도 하며 지냈다.

동백원 강당에서 열심히 연습한 보치아[3]를 매개체로 장애인식개선 활동을 하기도 했다. 초등학교에 나가 학생들에게 보치아를 시범으로 보여주면 아이들의 환호성이 들렸다. 아이들이 직접 해볼 수 있도록 가르쳐주기도 했다. 소소한 즐거움이 있는 익숙한 생활이었다.

동행빌리지 입주 신청이 끝나기 며칠 전이었다. 평소 친하게 지내던 직원이 영진 씨를 찾아왔다.

"영진 씨, 저랑 같이 아파트 가기로 한 약속 잊지 않았죠? 같이 즐겁게 살아요."

그러고 보니 예전에 흘리듯 그러자고 대답했던 기억이 났다. '아차'하는 마음에 영진 씨는 대답하지 못하고 난감

---

3 뇌병변 장애인 스포츠로 패럴림픽 공식 종목이다. 표적구에 더 많은 공을 가까이 붙이는 사람이 이기는 스포츠로 컬링과 비슷하다. 공을 던지는 정확성과 지략이 필요한 게임이다. 동백원에서는 30년 전부터 보치아 동아리를 만들어 선수를 육성해왔다. 그 중 유원종 선수는 올림픽에서 두 번이나 메달을 목에 걸었다.

한 표정만 지었다. 아직 어떻게 해야 할지 결정하지 못했는데 직원은 영진 씨가 자신과 함께 아파트로 갈 거라 확신하고 있는 듯했다.

"아직……."

말끝을 흐리는 영진 씨를 보고 직원은 비장하게 '내가 당신을 설득하리라' 하는 표정을 지었다.

"아파트에 가면 내 방도 생기고, 시내에서 가까우니 여기저기 오가기도 좋고, 동백원에서 같이 지낸 직원들도 함께 가니 편하지 않을까요? 훨씬 더 다양한 경험을 하며 살 수 있을 거예요. 우리 새로운 곳에서 살아봐요."

영진 씨도 알고 있다. 아파트에 가면 할 수 있는 일이 더 많아진다는 것을. 하지만 쉽게 가겠다는 말이 입에서 떨어지지 않았다. 익숙한 이곳을 떠나 모르는 사람들 사이에서 자연스럽게 살 자신이 없었다. 더 고민해야겠다고 말하고 직원을 돌려보냈다.

이틀 후 그 직원이 다시 찾아왔다. 영진 씨는 여전히 확신이 서지 않았다. 그래서 그냥 동백원에 계속 살고 싶

다고 했다. 직원이 이유를 물었지만 자신이 생각해도 마
땅한 이유가 없었다.

'나는 왜 아파트에 가기 싫지……?'

'보치아 때문인가?'

'동백원에서 만난 친구들 때문인가?'

많은 생각들이 영진 씨의 머릿속을 복잡하게 맴돌았다.

동백원에서는 자립이 가능한 장애인들에게 적극적
으로 자립을 권유했고, 자립을 충분히 준비할 수 있도록
2005년부터 그룹홈을 운영해왔다.

친하게 지내던 혜지 누나가 자립을 하고 싶다며 그룹
홈으로 나갈 때도 '나보다 장애가 훨씬 심한 혜지 누나가
자립 생활이 가능할까?' 하면서 망설이기만 했고, 그룹홈
을 거쳐 임대 아파트로 홀로서기를 한 혜지 누나를 그저
부러운 눈으로 지켜보기만 했다.

그러는 동안에 가깝게 지내던 성준이 형도 동백원 직
원들의 설득으로 홀로서기를 한다고 했다. 성준이 형뿐만
아니라 같이 보치아를 하는 원준이 형까지 홀로서기를 한

다고 나서도 영진 씨는 그저 망설이면서 세월을 보냈다.

영진 씨의 망설임은 두려움이었다.

모든 사람이 그렇듯 익숙한 곳을 떠나는 건 용기가 필요한 일이다. 안전하고 편안한 울타리 같은 동백원을 떠난다고 생각하니 왠지 모를 불안함과 두려움이 밀려왔던 것이다. 특히 몸이 불편한 자신을 바라볼 사람들의 낯선 시선까지 떠오르자 더욱 마음이 힘들어졌다.

불안해하는 영진 씨에게 직원이 한 가지 제안을 했다. 세 달만 살아보자는 것이었다.

'세 달만? 그래 살아보고 힘들면 다시 동백원으로 돌아오자.'

그렇게 영진 씨의 아파트 생활이 시작됐다.

익숙함을 과감히 깨고 나온 영진 씨는 지금 이곳, 동행 빌리지에서의 생활에 매우 만족해하면서 살고 있다. 두려움 때문에 해보지 못했던 소소한 일상을 겪으며 행복감을 느낀다.

동행빌리지 입주자들의 자치회 회장도 맡아 이끌고
있다.

'새로운 삶이 나쁘지 않군. 도전하기 잘했어!' 하면서
매일 아침 장애인체육센터로 출근해 보치아 연습을 열심
히 하고 있다. 덕분에 꿈나무들에게 보치아를 가르치는
강사라는 직업도 새로 얻었다.

무늬만 경사로

어렵게 결심을 하고 동행빌리지로 이사 오
는 날, 짐은 직원에게 부탁하고 영진 씨는 장애인 콜택시
를 타고 도착했다. 하지만 콜택시에서 내리는 순간부터

난관에 부딪혔다. 장애인 주차구역에 내리긴 했는데 인도로 올라갈 수가 없었다.

주차구역 뒤쪽으로 휠체어나 유아차가 다닐 수 있도록 턱이 낮춰져 있었지만 너무나 형식적이었다. 턱이 낮춰진 부분은 도로와 바로 연결되지 않아 바퀴로 오를 수가 없었다. 경사마저 너무 심해 올라가기도 어려웠지만 내려올 때는 넘어질 것 같아 더 어려웠다.

경사로와 이어진 인도는 매우 좁아 올라간다 한들 전동휠체어의 방향을 바꿀 수가 없었다. 혹시 장애인 주차구역에 다른 차라도 서 있으면 아예 접근조차 불가능한 길이었다. 무늬만 경사로였지 도저히 이용할 수 없는 경사로였다.

준공된 지 이십 년 가까이 된 아파트인데 이러한 경사로가 그대로 있다는 것은 지금까지 전동휠체어를 타고 생활한 장애인이 아무도 없었다는 이야기였다.

"거기 올라가다 넘어지겠는데⋯⋯."

영진 씨를 내려준 장애인 콜택시 기사 아저씨가 말했

다. 영진 씨도 기사 아저씨도 한참을 그렇게 서 있었다. 집에 왔는데 집에 들어갈 수가 없었다.

"내가 도와줄게요. 올라가 봅시다."

전동휠체어는 일반 휠체어보다 훨씬 무거워 누군가 밀어주는 것이 더 어려운 휠체어다. 그럼에도 방법이 없었다. 기사 아저씨의 도움으로 간신히 인도에 올라 입구 경사로까지 무사히 당도했다.

"감사합니다. 여기서부턴 혼자 갈게요."

'역시 동백원에 계속 살 걸 그랬나' 하는 생각이 스쳐지나갔다.

동백원은 전동휠체어로 못 갈 곳이 없었다. 곳곳이 완만한 경사로였고 부지가 넓어 여기저기 다니는 재미도 있었다. 2층 강당에서 보치아 연습을 했고, 치료센터에 가서 치료를 받았으며, 매점이나 자판기 앞에서 동료들과 수다를 떨었다.

커다란 느티나무 아래서 혼자 멍 때리는 것도 좋아했다. 전동휠체어를 탄 이후로 어디든 혼자 이동했다. 이동에 대한 부담감을 가져본 적이 없었다.

그런데 새로 이사 온 이 '아파트'라는 집은 들어가는 것부터 어려운 것이다. 겨우 엘리베이터를 타고 복도를 따라 현관 앞에 도착했는데 한 번 더 심호흡을 해야 했다. 전동휠체어가 들어가기에 현관 공간이 빠듯했기 때문이다. 전동휠체어의 각도 바꾸기를 여러 번 시도한 끝에 현관을 들어갈 수 있었다. 현관에 있던 룸메이트들의 신발은 직원이 다 치워 주었다.

거실에 주저앉아 가쁜 호흡을 쉬면서 영진 씨는 '집에 들어오기가 이렇게 힘들다니 아무래도 잘못 온 것 아닌가?' 하는 생각이 들었다.

저녁식사를 하고 나서 직원에게 주차장에서 겪었던 일과 현관 들어오기 힘든 점을 이야기 하면서 동백원에 다시 가고 싶다고 말했다.

"아무래도 잘못 온 것 같아. 너무 힘들어요. 동백원에 다시 가고 싶어요."

"첫술에 배부를 순 없지요. 우리 하나씩 차근차근 해 나가봐요. 경사로는 고치면 되고 현관은 좁지만 들어올 수 있잖아요."

"경사로를 어떻게 고쳐요?"

"내일 관리사무소에 건의하러 가요. 경사로 제대로 다시 만들어달라고 말해보게요. 영진 씨가 직접 말해야 더 힘이 있어요."

피하면 아무것도 바뀌지 않는다. 세상은 절대 저절로 장애인에게 친절해지지 않는다. 끊임없이 싸워야 한다. 불편하면 불편하다고 목소리를 내야 하고, 개선될 수 있도록 의견을 제시해야 한다.

영진 씨의 성격은 소극적인 편이었다. 뇌병변 장애인 스포츠인 보치아 선수 생활을 하다가 막다른 길에 이르렀을 때도, 다른 장애인들과의 관계에서 갈등이 생겼을 때도 혼자만의 동굴에 들어갔다. 해결책을 찾는 것도 쉽지 않았고, 먼저 손을 내미는 것도 어려워 그 상황을 피했다.

그런 자신에게 동백원 직원들은 늘 이렇게 조언했다. 피하면 아무것도 바뀌지 않는다고. 목소리를 내라고. 그럴 때마다 용기를 얻었다가, 다시 갈등 상황이 생기면 피하고 싶은 마음이 반복됐다.

고민고민하다 용기를 내서 아파트로 이사하겠다 결심했는데, 다시 피하고 싶은 상황이 펼쳐진 것이다. 그런 자신의 성격을 잘 아는 직원이었다. 관리사무소에 가 건의를 하고 '변화'를 만들어보자고 제안하는 직원이 고마웠다.

막상 관리사무소에 가려고 하니 관리사무소는 경사로도, 엘리베이터도 없는 건물 지하 1층에 있어서 직접 갈 수가 없었다. 할 수 없이 관리사무소에 전화를 해 가동 앞으로 와달라고 했다.

현장에서 전동휠체어를 탄 채로 시범을 보이면서 말하니 설득력이 있었다. 다행스러운 점은 관리사무소 직원이 진지하게 영진 씨의 이야기를 들어 주는 것이었다. 관리사무소 직원은 하루빨리 방법을 찾아보겠지만 예산이 필요한 일이라 시간이 걸릴 수 있다고 덧붙였다.

생각보다 시간이 오래 걸렸다. 이사 간 것이 1월이었는데, 경사로는 더운 여름이 되어서야 정비가 되었다. 그 사이 영진 씨는 매일 출퇴근을 전쟁처럼 치르면서 직원의 도움을 받아야 했다. 그래도 경사로가 장애인 주차구역 뒤쪽이 아니라 옆쪽으로, 더 넓고 완만한 경사로로 편하게 바뀌었을 때는 뿌듯함으로 가슴이 뭉클해졌다.

"영진 씨가 이 경사로를 만든 거예요."

직원의 말을 들으면서 영진 씨는 흐뭇한 미소를 지으며 경사로를 오르내렸다.

"이렇게 쉽게 만들 수 있는 건데 그동안은 왜 안 되었을까?"

누군가 필요로 하는 사람이 없었고 요구하는 사람이 없었기 때문이었다.

가동 입구에서 장애인 콜택시를 기다리면서 보니 유아차를 끄는 아이 엄마도, 지팡이를 짚은 할머니도 경사로를 아주 편하게 오르내렸다.

휠체어를 탄 내가 저 사람들에게 도움이 되었구나 하는 생각에 기분이 좋아졌다. 무엇이든 더 할 수 있을 것 같았다. 영진 씨는 아파트를 통해 세상 속으로 한 걸음 더 들어가게 되었다. 우리 모두가 원하고 바라던 바였다.

더불어 함께 사는 세상을!

40년 만에 처음!

효성 씨는 뇌성마비로 인해 언어장애와 편마비를 갖게 됐다. 다행히 뇌병변 장애가 다른 사람에 비해 심하지 않아 목발을 짚고 혼자 걸을 수 있다. 이동을 할 때 휠체어에 의존하는 것과 목발을 짚고 스스로 걸을 수 있는 것의 차이는 이루 말할 수 없다.

목발을 짚어도 걸음이 조금 불안정해 가끔 넘어질 때도 있지만 효성 씨는 항상 밝고 명랑한 얼굴로 살아왔다. 동백원에서는 남의 도움 없이 혼자 이동할 수 있다는 것만도 대단한 일이었다.

언어장애로 인해 "어!" "어!" 소리만 낼 수 있어 소리크기로 감정을 표현한다. 효성 씨와 같이 살다 보면 그 '어!' 소리만으로도 효성 씨의 의사를 대부분 알아들을 수 있다.

효성 씨는 8살에 동백원에 입소했다. 동백원에서 물리치료와 언어치료를 꾸준히 받았지만 신체적인 면에서는 그다지 많은 발전을 보이지 못했다. 하지만 특수학교를 다니면서 고등부 과정까지 마쳤다. 언어적인 표현이 정확하지는 않지만 손짓 몸짓을 동원하고, 그것이 어려울 때는 간단하게 글을 써서 의사소통을 하는데 그다지 불편함이 없었다.

고등부를 마칠 무렵 효성 씨는 온라인 게임을 좋아하게 되었다. 게임이 좋았던 효성 씨는 컴퓨터를 방에 들였다.

하지만 동백원은 80명의 장애인이 생활하는 곳이라 혼자 방을 쓴다는 것은 엄두도 내지 못했다. 4~5명이 함께 생활하는 방에서 게임을 하다 보니 아무래도 다른 사람들의 눈치가 보였다. 가끔은 혼자만의 방에서 게임에 몰두하고 있는 꿈을 꾸기도 했다.

효성 씨에게 반가운 소식이 들려왔다. 새로운 시설이 생기는데 기존 시설과 달리 아파트에 위치해 있고 몇몇은 그곳으로 이사를 간다는 소식이었다. 효성 씨는 아파트에 호기심이 많았다.

'그곳에 가면 나 혼자 방을 쓸 수 있을까?'

밤마다 아파트에 대한 환상을 그리며 직원들에게 물었다.

"아파트로 가면 내 방이 생길까요?"

함께 동행빌리지로 이동하기로 한 직원에게 카톡을 보냈다. 직원은 입주자 4명이 방 3개가 있는 30평대 아파트에서 살게 되니 같은 집에 사는 사람들끼리 의논을 해보자고 했다. 거실도 있고, 방이 3개인데 4명이 생활한다니

가능성이 높다는 생각이 들었다. 희망이 보였다.

아파트 입주 설명회가 있는 날 아침부터 설렌 효성 씨는 한 시간 전부터 세미나실에서 기다렸다. 제일 앞자리에 앉아 진지하게 설명을 듣고 가장 먼저 손을 들었다. 아파트로 이사하는 것은 개인의 선택에 달린 일이었기 때문에 문제가 없었다.

그런데 다른 고민이 찾아왔다. 효성 씨는 손으로 목발을 가리켰다. 목발을 짚어야 하는 효성 씨는 동백원에서는 별다른 불편함이 없이 지냈지만 아파트에서는 아무리 조심한다고 해도 목발의 쿵쿵 거리는 소리가 아래층에 피해를 줄 것 같았다.

효성 씨의 염려스러움을 잘 아는 직원은 그런 이유로 우리가 1층을 구하려고 노력했으니 걱정하지 말라고 전했다. 1층에 살 수 있구나! 직원이 전하는 그 이야기에 효성 씨는 목발을 바라보며 큰 안도감을 느꼈다.

아파트에 대한 이야기가 나돌 때부터 광주에 사는 누

나에게 아파트로 가고 싶다고 이야기를 했다. 효성 씨 누나는 효성 씨를 끔찍이도 아끼는 사람이었다. 어린 효성 씨를 동백원에 맡기고 눈물을 흘리며 돌아서던 누나는 어른이 되자마자 동백원에 직원으로 지원했다. 몇 년 동안 효성 씨를 비롯한 장애인을 돌보면서 동백원 직원으로 근무하던 효성 씨 누나는 좋은 남자를 만나 지금은 광주에 살고 있다.

입주를 한 달여 남긴 시점에 효성 씨 누나가 찾아왔다. 동생이 아파트에서 살 수 있는 기회가 생긴 것이 너무나 감사하다며 혹시 필요한 것이 있으면 언제든 말해달라고 했다.

효성 씨에게 필요한 것을 효성 씨와 담당 직원 그리고 누나와 같이 꼼꼼히 챙겼다. 장애인들이 입주하기 전 가구를 비롯한 필요한 짐을 배치할 때 효성 씨의 누나가 보내 준 짐들이 도착했다. 침대, 책상에 작은 냉장고까지 있었다.

가구들이 정리된 방을 보고 싶다는 효성 씨의 성화에

직원들은 사진을 찍어 보여주었다. 효성 씨가 요구한대로 침대 옆에 컴퓨터가 놓이고, 방문 옆에 누나가 보내 준 냉장고가 있었다. 방 사진을 보고는 얼굴 가득 웃음꽃을 피웠다. 지금이라도 이사를 가고 싶다면서 설레는 마음으로 가지 않는 시간을 재촉하며 보냈다.

직원들은 왼쪽 편마비가 심한 효성 씨가 좀 더 편하게 지내도록 가구 위치를 세심하게 신경 써가면서 배치했다. 컴퓨터 화면은 프라이버시를 지킬 수 있도록 방 밖에서 보이지 않는 각도로 놓았다. 효성 씨는 직원들의 세심한 배려에 감사해 하며 자신만의 방이 생겨 원하는 대로 꾸밀 수 있는 것이 너무 기쁘다고 했다.

가끔 거실에서 입주자들과 술자리를 갖는데 끝나면 방에서 혼술을 할 수 있는 점도 좋았다. 그렇게 효성 씨는 태어나서 처음으로 나만의 아늑한 방을 갖게 되었다.

40년 만에 처음 생긴 혼자만의 방에 더할 나위 없이 자유로운 생활을 즐기는 효성 씨는 더 나아가 혼자만의 집을 꿈꾼다. 꿈을 꾸다 보면 언젠가는 이루어지겠지 하는 믿음으로 동행빌리지에서 활기차게 살아가고 있다. 리니지 게임도 더 잘되는 것 같아 좋다.

누가 복도에
오줌을 쌌을까?

입주를 위해 짐 정리를 하고 아파트를 나서
는 직원을 한 무리의 주민이 삐딱한 시선으로 쳐다봤다.
그중 한 아주머니가 다짜고짜 직원을 불러 세워 불만 가득한 말투로 물었다.

"언제 이사 와요?"

"다음 주에 옵니다."

대답을 들은 아주머니는 말도 없이 다시 그 무리에 섞여 무언가를 속닥였다. '벌써 시작이구나' 하는 생각에 돌아서는 직원의 마음이 답답해졌다.

동행빌리지 입주자들은 이사 전부터 많은 오해와 편견에 부딪혔다. 어떻게 알았는지 이사를 하지도 않았는데 아파트 주민들 사이에는 장애인들이 이사를 온다는 소식이 퍼져있었다. 직원들이 입주 준비를 위해 아파트에 들를 때면 언제나 불편한 시선이 느껴졌다.

이사를 하고는 처음 걱정과 달리 조용한 날이 이어졌다. 이사 준비를 하며 마주쳤던 아파트 아주머니들도 잘 보이지 않았다. 종종 마주치는 이웃집 사람의 불편한 시선 정도는 우려했던 거에 비하면 아무렇지도 않았다. 그렇게 한 달 정도가 흘렀다.

212호 현관문을 열 때면 복도에 물이 조금씩 고여 있었다.

'어디서 물이 새나?' 하면서 직원들끼리 고인 물을 닦는데 냄새를 맡으니 바로 오줌인 걸 알 수 있었다. 아무래도 옆집 강아지가 오줌을 싼 것 같았다. 그냥 청소하고 말았는데 며칠이 지나 또다시 오줌이 고여 있었다.

"오줌이 또 고였어요!"

직원 중 누군가가 말했다.

"강아지들이 한 번 오줌을 싸면 그 냄새를 맡아 그 자리에 계속 싼대요."

"그럼 어떡하지?"

연구 끝에 락스로 복도를 문지르고 문질러가면서 깨끗이 청소했다.

'이 정도면 강아지가 자기 오줌 냄새를 못 맡겠지?' 직원들 몇 명이 복도에 코를 대고 냄새를 맡았다. 락스 냄새 말고는 맡아지지 않았다.

그런데 며칠 후 다시 복도에 오줌이 고여 있었다.

'싼 놈이 치우게 하자', '그냥 닦자' 논란 끝에 다시 락스로 복도의 오줌을 청소했다. 강아지를 키우는 집에 말을 해볼까도 고민했지만, 괜한 분란이 생길까봐 조심스러웠다. 어떻게 해야 할지 모르는 난감한 상황이 계속되었다.

그러던 어느 날 212호 전화벨이 울렸다.

"여보세요?"

"동백원이에요."

동백원 직원이었다.

"아, 네……. 무슨 일이세요?"

"관리사무소에서 동백원으로 전화가 왔는데 212호에 사는 장애인들이 복도에 오줌을 싸서 냄새가 심하다고 하네요."

"아니, 입주자 중 복도에 오줌을 싸시는 분은 안 계시는데요."

"그러게요. 저도 관리사무소에 그렇게 말씀을 드렸어요. 진짜 황당하더라고요. 그래도 어떻게든 대책을 세워야 할 것 같아요. 동행빌리지나 동백원에서 누명을 쓰면서 계속 살 수는 없잖아요."

전화를 받은 직원은 전화가 끊기고도 한참을 멍하니 있었다.

장애인에 대한 편견이나 오해가 이렇게까지 심할 줄은 몰랐다. 강아지보다 장애인을 먼저 의심하다니.

복도에 강아지 오줌을 누인 사람.

그 오줌을 장애인이 쌌다고 민원을 넣은 사람.

그 민원을 동백원에 전한 관리사무소 직원.

그 모두가 미웠다.

동백원에서 생활할 때도 아무 곳에서나 소변을 보는 장애인은 없었다. 인지능력이 아무리 낮아도 끊임없이 반복된 훈련과 교육을 통해서 대소변 처리는 스스로 할 수 있게 도왔다. 화장실 가는 길에 실수를 하는 경우는 더러 있었고, 어쩔 수 없이 기저귀를 차는 사람도 있었지만, 혼자서 아무 곳에나 오줌을 싸는 장애인은 없었다.

더군다나 아파트로 이사 온 사람 중에는 소변을 아무

곳에서나 보는 사람은 없었다. 그런데도 복도에서 오줌 냄새가 난다면서 우리를 의심하고 관리사무소에 민원을 제기한 이웃이 서운하고 섭섭하고 미웠다. 싸지 않은 오줌을 쌌다고 우기는 그런 오해와 편견 속에서 우리는 살아야 했다.

직원은 억울함과 분함을 삭히기 위해 한참 청소를 한 뒤 관리사무소를 찾아갔다.

"212호에서 왔습니다. 복도의 오줌 때문에 왔는데요. 아무래도 복도에 오줌을 싼 것은 옆집 강아지 같습니다. 지금까지 우리가 대여섯 번 복도 청소를 했습니다. 오해가 있으신 듯하니 민원을 제기한 분께 잘 전달해 주셨으면 좋겠습니다."

"아 그래요? 잘 알겠습니다."

관리사무소를 돌아 나오는 직원의 눈에 눈물이 핑 돌았다.

하고 싶은 말은 더 많았다.

따지고 싶은 것도 더 많았다.

당부하고 싶은 말도 많았다.

하지만 앞으로 우리가 살아가면서 보여주면 될 일이었다.

장애인이 복도에 오줌싸지 않는다는 것을.

그렇게 며칠이 지나면서 복도에 오줌이 고이는 일은 없었다. 바쁜 일상이 지속되었다. 사과를 바라지는 않았지만 누구도 우리에게 미안하다는 말 한마디 없었다. 복도나 엘리베이터에서 마주칠 때도 여전히 냉랭하게 우리를 바라보는 눈초리가 못내 섭섭했다.

동행빌리지 입주자들은 앞으로도 수많은 오해와 편견에 부딪힐 것이다. 동백원에서는 시설이라는 커다란 울타리가 있어 그 오해와 편견이 크게 드러나지 않았을 뿐이다. 이제는 많은 이웃에 둘러싸인 아파트에 살다 보니 그 오해와 편견의 눈초리를 바로바로 느끼면서 살아야 한다.

힘들고 두렵기도 하다. 하지만 외딴곳에 떨어진 시설이라는 울타리에 숨어있으면 그 오해와 편견을 깨트리기가 쉽지 않다. 그래서 우리는 아파트에 살면서 오해와 편견에 부딪치려 한다. 그러다 보면 다름을 다름 그 자체로 인정해주며 편견 없이 봐주는 이웃이 하나둘 생겨날 거라고 믿는다.

오늘도 차이가 차별이 되지 않는 세상을 위해 동행빌리지 직원들은 묵묵히 맡은 일을 한다.

장애인,
무섭지 않냐고요?

아파트로 이사를 하고 입주자들이 제일 자
주 가는 곳은 마트와 미용실이다. 걸어서 언제든지 마트
에 가서 과자나 아이스크림을 마음대로 사 먹을 수 있는

것도 소소한 행복이다.

　미용실도 한 달에 한 번 이상 간다. 동백원에서 생활할 때는 시내 유명 미용실에서 자원봉사를 와주어 동백원 내에서 머리를 자르기도 하고, 본인의 욕구에 따라 외부 미용실로 나가기도 했다.

　아파트로 이사를 나오니 미용 봉사 장소도 마땅치 않고 이왕 지역사회에서 살기로 한 이상 미용실을 직접 가기로 했다. 남자 입주자들이 대부분이다 보니 한 달에 한 번 이상 가야 했다.

　하지만 아직 모든 것이 익숙하지 않기에 마트나 미용실을 갈 때면 항상 직원이 동행한다. 그러다 보니 직원들은 일주일에 한 번 이상 미용실을 방문하게 되었다. 제일 자주 가는 아파트 상가 내 미용실 원장님과는 친분도 생겼다.

　처음 방문했을 때는 경계하고 낯설어 하던 미용실 원장님도 직원들과 이야기를 나누다 보니 차츰 우리를 이해하게 되었다. 이제 미용실에 들어서면 직원보다 입주자와 눈을 맞추며 어떤 헤어스타일을 원하는지 물어본다.

오늘은 민현 아저씨가 미용실에 가는 날이다. 민현 아저씨는 뇌병변 장애가 있어 걸음걸이가 불편하고, 지적장애와 언어장애도 있다. 그보다 문제는 침을 항상 흘리는 것이었다. 안면근육의 조절이 잘 되지 않아 끊임없이 침이 흘러나왔기 때문에 항상 침수건을 목에 걸고 다니면서 침을 닦아야 했다. 흘리는 침 때문에 민현 아저씨를 처음 보는 사람들은 거부감을 느끼기도 하지만 동백원에는 침을 흘리는 장애인이 많았기에 대부분 그러려니 하고 살았다.

민현 아저씨와 직원이 미용실에 들어서니 원장님은 먼저 온 손님 머리를 손질하고 있었다.
"안녕하세요!"
직원과 원장님이 서로 인사를 나누는데 손님은 불편한 기색으로 우리를 쳐다보고 있었다. 거울에 비친 우리 모습이 낯설고 불편하다고 느낀 것 같았다.

원장님이 분위기를 바꾸기 위해 우리에 대해 이런저런 설명을 하는데 듣는 둥 마는 둥 하는 표정을 짓던 손님이 대뜸 "장애인이랑 같이 살면 무섭지 않아요?" 했다. 거울에 반사되어 날아오는 날카로운 그 말에 직원은 순간적으로 당황했다.

그런 질문은 처음이었다.

지금까지 동백원에서 십 년 넘게 근무했지만 장애인과 같이 살면 무섭지 않냐고 단도직입적으로 물어본 사람은 아무도 없었다. 장애인과 같이 사는 것이 무섭다는 생각도 한 번도 해본 적이 없었다.

먼저 민현 아저씨를 살폈다. 못 들었는지 못 들은 체하는 건지 알 수는 없지만 아무런 표정의 변화도 없이 그저 앞만 보고 있었다.

숨을 고르면서 대답할 말을 찾았다.

이 손님의 장애인에 대해 인식을 바꿔주는 것도 동행빌리지 직원의 임무로서 중요한 일이었다.

"사람들이 외모나 성격이 다 다르듯이 장애인도 제각

각입니다. 장애인이라서 무서운 사람은 더더욱 아니고요. 신체적으로나 정신적으로 조금 불편할 뿐이지 절대로 무서운 사람은 아닙니다."

"……."

거울 속 손님은 좀 더 설명해보라는 표정이었다.

'그러니까 장애인은 무섭지 않아요.'

머릿속으로는 많은 말들이 오고 갔지만 더 설명할 수가 없었다.

'…….'

"장애인들도 그냥 평범한 이웃과 같다는 것을 알리고 싶어서 이곳으로 이사를 왔고요. 앞으로도 쭈욱 이곳에서 살 예정이니까 잘 부탁드립니다."

직원은 자리에서 일어나 거울을 보면서 어색하게 웃으며 인사를 했다.

그렇게 이상한 분위기의 대화는 끝이 나고 민현 아저씨 차례가 되었다. 장애인을 무서워하는 그 손님은 민현 아저씨가 의자에 앉아 목에 천을 두르는 모습을 계속 빤히 쳐다보더니 미용실을 나섰다.

머리를 자르던 원장님이 말했다.

"오늘은 컨디션이 좋은가 봐요. 침을 하나도 안 흘리시네. 지난번까지는 침을 많이 흘렸는데."

그 말을 듣고 보니 그랬다. 늘 침수건을 가지고 다니며 침을 닦는 민현 아저씨건만, 오늘은 침을 흘리지 않았다. 머리카락이 입 주변에 붙지도 않았다. 아저씨를 다시 보니 입을 꾹 다물고 있다. 침을 흘리지 않으려고 노력한 것이다. 혹시 아까 손님이 했던 말 때문일까 마음이 쓰였다.

민현 아저씨를 십수 년간 봐왔지만, 침을 이렇게 오랫동안 흘리지 않는 모습은 처음이었다. 집으로 돌아오는 길, 아저씨가 침을 슥 닦으며 활짝 미소를 지었다. '내가 해냈어!' 하는 뿌듯함이 듬뿍 담긴 얼굴이었다. 미용실 손님의 무례한 질문 때문만은 아니었다. 민현 아저씨도 낯선 사람들 앞에서는 침을 흘리는 모습을 보여주고 싶지 않은 마음이 들었던 것이다.

"민현 아저씨 최고!"

자연스럽게 하이파이브를 했고, 민현 아저씨도 웃으면서 답을 했다.

우리가 동행빌리지로 이사를 올 때는 지역사회의 장애인에 대한 인식을 개선하고자 하는 마음이 있었고, 장애인들이 사는 모습을 있는 그대로 보여주면서 정다운 이웃으로 대해주기를 바랐다.

그런데 뜻하지 않게 지역사회에 같이 살게 되면서 장애인 스스로도 변화하는 모습을 보인 것이다. 민현 아저씨가 그 긴 시간 동안 침을 참아 낸 것이 너무도 감사한 미용실 나들이였다.

장애인과 같이 살면 무섭지 않냐고 물어보는 그 손님만 탓할 수는 없다. 우리 사회가 장애인에 대한 인식을 그렇게 만든 것이다. 무섭다는 것은 잘 모르거나 왜곡된 인식이 뇌리에 각인되었기 때문이다.

장애의 영역은 신체나 지적장애 등 매우 폭이 넓다. 같은 종류의 장애가 있다 해도 사람마다 성격이 다 다르듯

장애인도 각각 다 다르다. 그럼에도 어떠한 문제가 발생하면 장애인 전부가 문제인 것처럼 획일적이고 선정적으로 보도하는 언론도 왜곡된 장애 인식에 한몫을 해왔다.

'장애인과 같이 살면 무섭지 않냐?'

그 해답을 찾기 위해 동백원에서 어렵게 동행빌리지로 이사를 왔다. 장애인을 평범한 이웃으로 받아줄 때까지, 의심의 눈초리가 사랑의 눈길로 바뀔 때까지 우리의 노력은 계속될 것이다.

서로에게
익숙함이 필요한 시간

　　따뜻한 봄바람이 불어오는 4월의 오후. 여
느 때라면 점심을 먹은 후라 스르르 감기는 눈꺼풀과 힘
겹게 싸우고 있을 직원들이 오늘따라 분주하게 움직이고
있다.

"도착했어요!"

창밖으로 주차장을 내려다보던 직원이 반가운 마음에 크게 소리쳤다. 밖을 내다보니 검은색 승합차 한 대가 다동 주차장으로 들어서고 있었다. 동행빌리지에 새로 이사 오는 입주자들이 도착한 것이다.

집안 정리도 어느 정도 마무리된 터라 직원들은 주차장으로 마중을 나갔다. 차에서 내리는 입주자들을 보니 동백원에서 함께 생활했던 추억이 파노라마처럼 머리를 스치며 절로 미소가 지어졌다.

반가운 얼굴들과 일일이 인사를 나누며 그동안의 안부를 묻는 사이 여기저기서 우리를 바라보는 시선이 느껴졌다. 길을 가던 아파트 주민들이 멈춰서 우리를 쳐다보고 있었다. 그동안 경험하지 못한 장애인들의 낯선 행동과 소통 방식이 그들의 시선을 끈 것이다.

얼떨결에 사람들의 주목을 받게 된 우리는 조심스럽게 인사를 건넸고, 인사를 받은 사람들은 다양한 반응을 보였다. 의연하게 인사를 건네기도 하고, 동정 어린 눈길로 바라보는가 하면, 노골적으로 불편한 시선을 보내기도 했다.

한 가지 확실한 사실은 우리를 바라보는 사람들의 눈에는 '낯설음'이 가득했다는 것이다.

동행빌리지 입주자들은 아파트에서 생활하며 사람들과 익숙해지기 위해 노력한다. 아파트 단지 내 마트, 미용실, 빨래방을 이용하고 산책을 하며 이웃에게 우리가 살고 있음을 알린다.

'숨지 않는다.'

이런 마음가짐을 행동으로 옮기기까지 많은 어려움이 있었다. 처음엔 장애인인 입주자가 아파트 주민들에게 적응해야 한다고 생각했다. 그러다 보니 언제나 직원들이 먼저 머리를 숙이고 사과를 했다. 입주자들이 잘 지내기를 바라는 마음이었다.

하지만 그건 옳은 행동이 아니라는 것을 깨달았다.

장애는 누구의 잘못도 아닌데 뭐가 그리 죄송했는지. 그 모습이 입주자들을 뭔가 잘못한 사람으로 만든다는 것을 느끼게 된 것이다. '적응의 시간'은 장애인과 비장애인 모두에게 필요하다는 것을 깨달았다.

　은규 씨는 동행빌리지 입주자 중 유일하게 자폐증 장애인이다. 자폐증 중에도 고도의 자폐 증상을 보이는 무연고 장애인이다. 3살 때 여수역 간이 상담소에 혼자 남겨진 은규 씨를 아동 양육 시설에서 보호하다 장애 정도가 심해 5살 때 동백원으로 오게 되었다. 그리고 32살이 되던 해, 동행빌리지로 옮기며 처음으로 아파트 생활을 시작했다.

　은규 씨는 오래 일한 직원들과도 소통이 잘 되지 않는다. 의견을 물어보는 말엔 '네!'로 일관한다. 직원들은 표정을 보고 정말 좋은 것인지, 습관적으로 하는 대답인지 판단한다. 쉬운 일은 아니다. 선택이 필요할 때는 사진이나 그림을 보여주며 의견을 묻는다. 분명한 의사 표현이 맞는지 확인하기 위해 같은 질문에 사진이나 그림의 순서를 섞으며 다시 묻기도 한다.

　가끔은 소리를 지르며 뛰어다니기도 하고 혼잣말도 하

는데 대부분이 TV 광고를 따라 하는 '반향어'이다.

'농심 새~우깡!'

'팔도 비빔~면!'

은규 씨가 자주 내뱉는 반향어다. 기분이 좋을 때면 이런 행동들이 좀 더 과격해진다. 소리가 커지기도 하고, 걸음이 빨라지기도 한다. 즐거운 기분을 은규 씨의 언어로 표현하는 셈이다. 하지만 이런 낯선 표현 방식 때문인지 사람들은 유독 은규 씨를 피하는 경우가 많았다.

은규 씨와 집 앞 마트에서 과자와 음료수를 사서 돌아오는 길이었다. 좋아하는 과자를 사서 기분이 좋아진 은규 씨는 빠른 걸음으로 빙글빙글 제자리를 돌며 자신의 기쁨을 표현한다.

그러는 사이 우리는 아파트 출입구를 통과해 엘리베이터에 도착했다. 이미 엘리베이터 앞에 누군가 서 있었다. 같은 동에 사는 아주머니와 유치원생쯤 되어 보이는 남자아이였다. 우리를 발견한 아주머니는 그 순간 어찌해야 할지 몰라 머뭇거렸다. 그리고는 티를 안 내려고 노력하

면서 슬그머니 남자아이의 손을 잡아끌어 우리와 거리를
뒀다.

"엄마. 저 형은 왜 저래요?"

"어…….."

남자아이는 옆에 있는 엄마에게 은규 씨가 왜 저런 행
동을 하는지 물었고 아이의 엄마는 우리의 눈치를 보며
선뜻 대답하지 못했다. 아마 그 아이는 발달장애인과 대
면한 적이 없어 자신과 다른 은규 씨 행동에 호기심을 느
꼈을 것이다.

아이가 단지 궁금해서 물어본 말에 아이의 엄마는 '장
애인'이라고 대답하기에 미안한 마음이 들어 머뭇거리는
듯했다. 어색한 침묵이 흐르는 사이 엘리베이터가 도착
했다.

함께 엘리베이터에 오른 우리의 거리는 여전히 좁혀지
지 않았다.

'이 형은 장애가 있어 기분이 좋으면 이렇게 빙글빙글
돈단다. 누구나 가지고 있는 습관 같은 거야.'

직원의 머릿속에는 하고 싶은 말이 가득했지만 어색한

분위기가 이어져 선뜻 말을 걸기가 어려웠다.

　우리가 마주친 많은 사람은 장애인에게 장애인이라는 말을 사용하는 것을 실례라고 생각한다. 그 마음 안에는 장애에 대한 부정적인 생각이 자리 잡고 있기 때문일 것이다.

　장애인이 지역사회에서 비장애인과 어울려 살아야 하는 이유를 여기서 찾을 수 있다. 비장애인에게 장애인은 낯선 존재다. 장애인과 비장애인은 공존하지 못하고 서로 떨어져 살아왔기 때문에 서로에게 익숙하지 않다. 그렇기에 비장애인에게 장애인은 더더욱 낯선 존재, 부정적인 존재가 되어가는 건 아닐까?

　기분이 좋으면 뛰어다니며 소리를 지르는 은규 씨를 무서워하기보다 '좋은 일이 있구나' 하고 생각하고, 발달장애인의 행동에 대한 낯선 시선을 거둘 수 있으려면 서로가 서로에게 익숙한 존재가 되어야 한다.

　은규 씨가 특별한 존재로 받아들여지면 사회 속에서

어울려 살아가기 어렵다.

은규 씨가 동행빌리지로 이사하는 문제로 동백원 직원들 사이에서도 많은 논란이 있었다. '자폐가 너무 심해 아파트 생활이 어려울 것 같다', '이웃들이 싫어할 것이다'라는 의견도 있었다.

하지만 하루는 낮 시간 동안 아파트에 와서 지내보고, 또 어떤 날은 하룻밤을 자고 가기도 해보는 등의 체험을 거친 끝에 은규 씨의 아파트 행이 결정되었다. 공공후견인과 지속적으로 의논도 했다. 은규 씨처럼 중증 자폐증 장애인이 지역사회에서 함께 생활하는 것도 진정한 사회통합의 일부다. 그렇게 은규 씨는 동행빌리지로 이사를 왔다.

그리고 우려와 달리 은규 씨는 잘 지내고 있다. 외부활동을 좋아하는 은규 씨는 외출이 쉽고 자유로워지자 표정이 훨씬 밝아졌다. 행주로 식탁을 꼼꼼하게 닦고, 더러워진 옷은 세탁기에 넣는 등 집안일에도 열심이다. 기분이 나쁘면 다른 사람을 머리로 들이박는 소위 '박치기'도 하지 않는다.

아침마다 해안도로를 뛰는 아저씨가, 아파트 놀이터에 모여 노는 동네 아이가, 교복을 입고 등교 버스를 기다리는 학생이 누구에게나 자연스러운 풍경이듯, 기분이 좋을 때면 소리를 지르며 빙글빙글 도는 은규 씨도 그런 자연스러운 풍경이 되어야 한다.

사람들의 특별한 시선을 받지 않고 자연스럽게 어울릴 수 있도록 '익숙함'이 무엇보다 필요하다. 동행빌리지는 낯설음을 익숙함으로 만들고자 지금도 앞으로도 노력할 것이다.

중증 장애인들이 우리의 이웃으로 받아들여질 때까지.

2장

헤쳐 나가다

배달의 '만족'

　동백원에서 아파트로 이사 오고 좋은 점 중
의 하나는 거의 모든 음식이 배달된다는 점이었다. 동백
원도 배달이 되기는 하지만 시내에서 조금 떨어져 있다
보니 중국집 한 곳, 치킨집 한 곳 정도만 배달이 되어 저녁

에 출출할 때 아쉬운 점이 많았다.

아파트로 이사 오니 탕수육과 치킨은 당연하고 족발, 생선회까지 배달이 되니 저녁에 술 한잔 기울이기를 좋아하는 준호 씨에게는 천국이 따로 없었다.

준호 씨는 영진 씨와 비슷한 뇌병변 장애 1급이지만 손에 미세한 경련이 자주 일어나는 탓에 전동휠체어를 조절하기가 힘들어 수동휠체어를 탄다. 집에서의 이동은 큰 어려움이 없는데 밖으로 나가려면 직원이 항상 동행해야 하는 불편함이 있었다.

그래서 밖으로 나가는 것보다는 배달을 주로 이용하는 준호 씨였다. 코로나19로 배달 문화가 확산된 것이 오히려 준호 씨에게는 좋은 일이었다.

아파트로 이사 온 뒤 야식은 물론 카페에서 커피를 배달해 룸메이트들과 직원에게 쏘기도 하고 편의점에서 맛있는 과자나 다양한 음료수를 배달해 먹기도 한다. 이제는 전화가 아니라 배달 앱을 이용하니 언어적 소통이 어려운 준호 씨도 편하게 주문할 수 있다.

"세상 참 좋아졌다. 그리고 아파트에 사니 참 좋네요."

핸드폰에 문자를 써서 직원에게 보여주며 준호 씨가 활짝 웃었다.

금요일 밤 준호 씨가 직원에게 문자를 보냈다.

"잔치국수 만들기 복잡하나요?"

"왜요?"

"그냥 생각이 나서요. 먹고 싶기도 하고."

준호 씨의 문자를 받은 직원은 다른 입주자들에게도 의견을 물어보았다. 다들 찬성을 해 토요일 점심 메뉴로 잔치국수가 결정되었다.

준호 씨는 집에서 직원과 함께 멸치육수를 준비하고 다른 사람들이 마트에서 재료를 사 오기로 했다. 준호 씨는 휠체어를 타고 있어 경사로에 있는 마트를 자유롭게 오고 가기 어려웠기 때문이다. 할 수 있는 일을 서로 분담해서 하는 셈이다.

직원의 품이 많이 들기는 했지만 어쨌든 모두의 손이

모여 그럴듯한 잔치국수가 토요일 점심으로 만들어졌다. 입주자 네 명과 직원 한 명 다섯이 둘러앉아 토요일 점심을 먹었다.

아침을 거른 영진 씨도 후루룩, 너무 배가 고프다며 국수를 준비하는 사이 밥을 한 그릇 뚝딱 한 기주 씨도 호로록, 제일 열심히 준비한 준호 씨도 후루룩! 모두들 맛있게 먹었다.

그런데 잔치국수 한 그릇을 다 비우고 거하게 트림까지 한 현찬 씨가 고개를 갸웃하더니 이렇게 말했다.

"동백원 국수가 더 맛있는데."

하하하하. 빵 터졌다.

모두가 고개를 끄덕끄덕 공감했다.

동백원 식당은 밥이 맛있기로 유명하다. 그도 그럴 것이 일 년 365일 삼시 세끼를 한 식당에서 먹어야 하는 동백원 입주자들을 위해 최대한 다양하게, 최선을 다해 맛있는 식사를 제공하기 때문이다.

동백원을 비롯한 사회복지법인 동행 산하의 모든 시설

들은 먹는 부분에 세심한 노력을 기울인다. 정부에서 주는 한 끼 식사비는 2,500원 남짓. 보조금만으로는 제대로 맛있는 것을 먹기 힘들다.

하지만 동행에는 매월 만 원씩, 정기적으로 후원해주시는 분들이 많이 있다. 맛있게 잘 먹고, 잘 살라고 후원을 한다고 믿기에 먹는 것에 대해서는 아끼지 않고 최상의 재료를 사용하여 최선을 다해 먹거리를 만든다.

감칠맛을 내기 위해 MSG를 뿌리면 간단한 일을 매주 두세 번씩 육수를 직접 만드는 번거로움과 수고를 당연히 생각하는 사람들이 동행에서 일하는 영양사와 조리원들이다.

아파트 형태의 동행빌리지로 이사하면서 가장 큰 걱정은 밥이었다. 각각의 집이 독립적인 공간이다 보니 단체급식을 할 식당이라는 공간을 정하는 것도 이상했다.

전체 입주자가 중증 장애인이라 24시간 교대 근무가 필수인데 현행 지원 기준으로는 한 집당 1명의 직원이 온전히 배치되기 어렵다. 장애인 거주 시설의 형태가 기존의 대규모 시설 형태에서 아파트로, 주택으로 다양해지고 있으니 직원의 지원 기준도 달라져야 할 텐데 여전히 옛날 그대로, 천편일률적이다.

결국 사회복지사의 강도 높은 노동과 희생이 강요될 수밖에 없다. 중증 장애를 가진 입주자의 케어뿐만 아니라 지역사회 내 활동을 챙겨야 하고, 거기에 매 끼니 밥을 차리고 치우는 수고가 더해지는 것이다. 식당과 조리원이 있는 동백원에서는 하지 않아도 되었던 일이다.

여수시의 허가를 받아 조리원 대신 사회복지사를 채용하고 밥에 대한 고민을 이어나갔다. 각 집마다 밥솥이 있으니 밥은 입주자들이 스스로 할 수 있도록 직원이 돕기로 했다. 따뜻하게 먹고 싶은 일품요리나 찌개, 국, 탕 종류는 반찬 배달업체에서 배달해 먹고 동네 반찬 가게에서 각자가 먹고 싶은 반찬을 사보자고도 했다.

동백원의 맛있는 밥을 잃고 얻은 건 '자유'였다. 동백원 밥은 맛있지만 매일 80명의 장애인이 함께 먹는 단체

급식 시설이고, 방마다 부엌이 있는 것이 아니다 보니 정해진 시간에 밥을 먹어야 하는 단점이 있다.

영양사가 주기적으로 먹고 싶은 음식을 조사해서 식단을 구성하지만 어쨌거나 그것은 '다수'의 의견이 우선시되는 일이다.

동행빌리지에서는 언제든 자신들의 마음에 드는 밥이나 반찬을 먹을 수 있다. 함께 사는 사람들끼리 의논하여 배달을 시키거나 오늘은 배달 대신 직접 해 먹자고 할 수도 있다.

휴일에는 늦잠을 자고 느긋한 아점을 먹을 수도 있다. 술을 즐기는 영진 씨와 준호 씨는 저녁에 다양한 안주를 시켜 새로운 맛을 음미할 수도 있다.

아파트에서의 생활은 그렇게 다양한 기쁨을 선사해 주고 있다.

휴대폰 요금이
100만원?!

　　규민 씨는 섬에서 태어났다. 어렸을 적부터 뇌병변 장애가 있어 동백원이 개원하던 1988년에 9살의 나이로 입소했다.

　　동백원에 살면서 특수학교를 다니고 졸업까지 했지만

언어장애와 편마비, 특히 침을 많이 흘리는 점 때문에 여러 기관에 취업을 시도했는데도 규민 씨를 받아주는 기관은 없었다.

하지만 부지런하고 남에 대한 배려심이 많은 규민 씨는 동백원 곳곳을 찾아다니며 일을 한다. 표가 나지 않지만 누군가 해야 할 일을 즐겁게 하는 규민 씨를 위해 동백원에서는 일의 양과 질에 따라 수당을 지급했다.

동백원에서는 규민 씨를 비롯해 일을 하고 싶어 하는 장애인들이 조금이라도 스스로 할 수 있는 다양한 일거리를 만들어 자체적으로 일자리 사업을 진행해왔다.

마당 쓸기,

식당에서 식판 빼서 건네기,

병뚜껑 철과 알루미늄으로 분류하기,

닭들이 낳은 달걀 꺼내기, 달걀 닦기 등.

생활 속에서 일어나는 일을 일자리로 만들어 원하는 장애인들이 참여할 수 있게 하고 그에 맞는 월급을 후원금으로 지급한다. 매월 만 원씩, 정기적으로 오랜 시간 동안 후원해주시는 분들의 후원금은 체계적인 서비스를 할 수 있는 힘이 된다. 덕분에 일자리 사업에 대한 장기적인 계획을 세우고, 그에 맞춰 월급을 지급할 수 있다.

2020년 초 규민 씨는 정들었던 동백원을 떠나 동행빌리지에 가서 살기로 하고 아파트로 이사를 했다. 아파트가 살기는 편하고 좋은데 문제는 규민씨가 할 일이 별로 없다는 것이다. 넓은 동백원을 돌아다니며 닭이나 고양이에게 먹이를 주기도 하고, 청소를 돕기도 하는 등 온갖 일을 하고 다녔던 규민 씨에게 아파트는 너무 좁아 할 일이 없었다.

다행히 같은 동행빌리지의 진욱 씨를 비롯한 입주민들이 송정인더스트리에 출근을 하니 규민 씨도 같은 부지에 있는 동백원으로 출근을 했다. 예전처럼 이런저런 일을 하면서 동백원 가족들과 서로의 안부도 나눈 뒤 다시 아파트로 돌아가는 생활을 계속했다. 동백원의 낡고 오래된 방보다 훨씬 살기 편하고 아늑한 느낌을 주는 아파트에서 규민 씨는 만족스러운 생활을 이어갔다.

그러다 코로나19가 점점 심해져 2020년 말 동백원에

외부인 출입을 통제하라는 행정명령이 내려왔다. 20년 넘게 동백원에 살았지만 이제는 동행빌리지라는 다른 시설에서 생활하는 아파트 입주민이 되어버린 규민 씨도 출입금지 대상이 되어 동백원에 갈 수가 없었다.

갈 곳을 잃어버린 규민 씨는 무료함을 달래기 위해 휴대폰과 점점 더 친해질 수밖에 없었다. 평소에도 휴대폰을 즐겨 하는 규민 씨는 엄마가 보고 싶을 때면 휴대폰을 꺼내 영상통화를 한다. 언어장애가 있어 대화를 나누기는 어렵지만, 화면 너머로 보이는 엄마의 얼굴을 보면 함께 있지 못하는 아쉬움이 조금은 달래진다.

걸그룹 동영상을 보는 것도 좋아하고 비행기 게임도 좋아한다. 한글을 모르는데도 신기하게 본인이 좋아하는 콘텐츠를 찾아 이용한다. 규민 씨 핸드폰 주소록에는 알수 없는 조합의 문자가 가득하다. #%^*&, !~$# 등 규민씨만의 방식으로 문자를 조합해 지인의 전화번호를 저장하고, 구분해서 연락한다. 아무리 봐도 비슷비슷한데 규민씨는 정확히 구별해서 사용하니 신기할 수밖에 없다.

동백원에 가지 못하면서 휴대폰 사용량이 점점 많아졌고 규민 씨의 그런 모습을 직원들은 대수롭지 않게 생각했다. 그러다 아파트로 날아온 규민 씨 휴대폰 요금 고지서를 본 직원은 깜짝 놀랐다.

'이게 얼마지……?'

혹시 동그라미가 하나 더 붙은 건 아닌지 다시 하나씩 세어보지만 1,088,200원이 맞다. 큰일이다. 핸드폰 요금이 백만 원이 넘다니……. 장애인 연금과 동백원 일자리 수당을 다 합쳐도 매월 수입은 50만 원 남짓인데 2배가 넘는 금액이 핸드폰 요금으로 나온 것이다.

혹시 잘못된 게 아닌가 싶어 규민 씨와 함께 통신사로 달려가 사용 내역을 뽑아보았다. 확인해 보니 규민 씨가 사용한 게 맞았다. 영상통화 비용이 9만 원 정도였고 나머지는 대부분 U+TV 유료 콘텐츠를 사용한 비용이었다. U+TV 앱으로 많게는 하루에 10편이 넘는 유료 영상을 본 것이다.

요금이 발생한다는 사실을 인지하지 못했던 규민 씨는

동영상 보는 재미에 하루도 빠지지 않고 한 달이 넘는 시간 동안 영화나 드라마를 봤고, 그 사이 요금은 백만 원을 넘어갔다. 접속 시간이 1분 미만인 영상도 꽤 있어 환불 문의를 했지만, 유료콘텐츠 접속으로 발생한 요금은 불가능하다고 했다. 규민 씨 통장에서 빠져나간 핸드폰 요금 1,088,200원을 찾을 방법은 없었다.

규민 씨와 아파트로 돌아오는 직원의 마음은 답답하기만 했다. 미안한 마음도 가득했다. 조금만 더 신경을 썼더라면, 유료 콘텐츠를 소비하고 있지 않은지 조금만 더 확인했더라면……. 후회가 밀려왔다. 그런 마음을 아는지 모르는지 규민 씨는 마치 바람 쐬러 나갔다 돌아가는 사람처럼 즐거운 얼굴을 하고 있다.

평소 규민 씨는 본인 지갑에 있는 돈을 무척 아낀다. 지갑에서 천 원짜리 한 장 쉽게 꺼내는 일이 없다. 마트에서 규민 씨가 먹고 싶은 것을 살 때도 몇 번이고 망설이다가 고르는 성격이다. 그런데 100만 원이라는 돈이 통장에서 빠져나갔는데 아무 일 없다는 듯 평온하다. 지갑이 아닌 통장에서 요금이 나가다 보니 돈을 썼다고 실감하지 못한 것 같았다.

직원이 통장을 보여주고 백만 원이 빠져나갔다는 것을 열심히, 여러 번 설명했지만 규민 씨는 그저 웃기만 하면서 이해하지 못했다. 여기서 포기하면 같은 일이 반복될 것 같았다. 어떻게든 통장에서 빠져나가는 핸드폰 요금이 지갑에서 나가는 돈과 같은 것이라는 사실을 알려줘야 했다.

직원들은 회의를 거듭했다. 회의 주제는 규민 씨 핸드폰 요금 100만 원이었다. 몇 차례 회의 끝에 실물을 보여주면서 설명하기로 했다. 만 원권으로 구십만 원, 천 원권으로 십 만원, 총 백 만원을 현금으로 준비했다. 핸드폰, 통장, 현금을 책상 위에 놓아두고 핸드폰 요금이 인출되는 과정을 설명했다.

직원 한 명은 말로 설명하고 다른 직원은 몸으로 연기를 했다. 아리송한 표정으로 웃음만 짓던 규민 씨는 직원들의 반복되고 절박한 설명이 거듭되던 어느 날 그제야 이해했다는 듯 고개를 천천히 끄덕였다.

그러고 보면 입주자들은 보통의 삶을 배워가는 과정에서 많은 일과 부딪친다. 자신이 하고 싶은 일을 하면 그에 따르는 책임을 지기 마련이라는것을 배워간다. 장애를 가졌다는 이유로 그 책임을 면할 수는 없다.

규민 씨도 하나씩 부딪혀가면서 이 세상을 조금씩 알아가는 과정에 있다. 휴대폰 요금도 이제는 10만 원을 넘지 않는다. 집에서는 카카오톡으로 보고 싶은 엄마와 영상통화 하는 법을 배우고 있다. 동영상도 유료 콘텐츠 보다는 유튜브 등의 무료 콘텐츠를 이용하도록 하고, 되도록이면 와이파이가 연결된 곳에서 볼 수 있도록 돕고 있다. 어려운 일이지만, 규민 씨는 조금씩 배우면서 천천히 변하고 있다.

앞으로 아파트에 살면서 부딪칠 일도, 책임질 일도 많겠지만 분명한 것은 규민 씨가 얻게 될 삶의 가치가 더 클 거라는 것이다.

배워야 산다

    은혜 씨가 식탁에 앉아 뭔가를 열심히 적고
있다. 짧은 단발 파마머리에 깨끗하고 하얀 얼굴의 은혜
씨는 웃을 때면 눈이 초승달 모양으로 변한다. 은혜 씨는

다운증후군으로 지적장애가 있다. 다운증후군의 대부분이 그렇듯이 은혜 씨도 명랑, 쾌활한 성격이다.

고집 하나 없을 것 같은 귀여운 얼굴인데 본인이 하고 싶은 일 외에는 꿈쩍도 하지 않는다. 그런 은혜 씨가 노트에 무언가를 열심히 적고 있으니 궁금하지 않을 수가 없다.

직원은 혹시 은혜 씨에게 방해가 될까봐 조심히 다가 갔다.

노트에는 아파트 주소가 적혀있었다. 첫 장에는 '여수시 오션마을 아파트 나동 713호'로 정확했다. 직원이 써준 듯했다. 그런데 다음 장부터는 뭔가가 이상하다. '수여시' '을마오션 아트파'라고 적혀있다. 글자가 뒤섞여 있었다. 직원이 옆에 앉아 주소를 다시 적어주었다.

은혜 씨가 직원을 쳐다보며 초승달 모양 눈웃음을 짓고는 주소를 또박또박 적어나간다.

입주자들은 각자 사정에 맞게 아파트 생활에 적응하기 위해 노력했다. 이사를 하고서 직원들이 제일 먼저 한 일은 우리 집이 몇 층인지, 엘리베이터에 늘어선 숫자들 중 무엇을 눌러야 하는지 알려주는 것이었다.

그래서 숫자 공부를 하기 시작했다. 숫자를 전혀 모르는 입주자도 있었고 1과 7을 구분하기 어려워하거나, 3과 8을 헷갈려 하는 사람도 있었다. 물론 숫자를 다 아는 입주자도 있었다.

각자의 수준에 맞게 공부를 했다. 집마다 거실에 엘리베이터의 숫자판을 커다랗게 만들어서 붙여 놓고 내려갈 때 누르는 숫자와 올라올 때 누르는 숫자를 맞추는 연습을 했다.

내려갈 때는 B1, B2를 어려워했고 설명하기도 어려웠다. 아파트가 경사진 곳에 지어진 탓에 동마다 출입구가 여러 곳이라 어려움이 더해졌다. 그럴 때는 직접 엘리베이터를 타고 B1으로 나가서 한 바퀴 돌아보고 다시 B2로 나가서 한 바퀴 돌아보는 연습을 여러 번 반복했다.

반복된 연습과 훈련 끝에 B를 누르면 1층과는 다른 출구로 내려간다는 것에 대해 인식할 수 있게 되었다. 그렇게 반복된 설명과 연습에 어느 정도 엘리베이터의 숫자를 누를 수 있었다.

　다음은 현관의 도어락 사용 방법을 익혀야 했다. 도어락 그림을 그려 거실에 붙여두고 연습을 했다. 대부분의 비밀번호를 '1234'로 설정해서 쉽게 한다고 했지만 사람마다 다른 난관에 부딪혔다.

　숫자 네 개를 일정한 속도로 누르는 것이 어려워서 입력 시간이 초과되었다는 사람, 숫자는 눌렀는데 별표를 못 찾는 사람, 숫자를 보이는 대로 다 누르는 사람, 도어락 덮개만 닫았다 열었다를 반복하는 사람. 직원들은 한 명 한 명에 맞춰 연습을 해 나갔다. 한 달 정도 지나고 보니 대부분 현관문을 열 수 있게 되었다.

　동행빌리지 막내 지희는 항상 도어락 숫자를 처음부터 끝까지 누른다. 직원은 처음에 지희가 거침없이 1234를 누를 때 '와~ 역시 지희! 잘한다!' 생각했다가 56789까지 쭉쭉 누르는 순간 힘이 빠지기도 했다. 그런데 의외로 문이 열렸다. 비밀번호를 포함하고 있으면 열리는 것을 직원도 처음 알았다. 그래서 지희는 아직도 123456789까지 눌러서 문을 연다. 그 손놀림이 매우 능숙하다.

아파트에서는 청소기, 세탁기, 건조기, 전자레인지, 식기세척기 사용 방법도 익혀야 했다. 비장애인에게는 일상에서 당연히 하는 일이지만, 입주자들에게는 모두 낯선 것들이다. 대부분 입주자가 발달장애를 가지고 있어 매일 반복해서 연습한다.

단순한 반복 학습이지만 생각처럼 쉽지 않다. 그래도 조금씩 적응해가는 입주자들을 보며 직원들은 조급해하지 않고 옆에서 천천히 돕는다.

나동은 3층과 7층에 입주자들이 살고 있어 근무자가 적은 주말이면 한 직원이 오르락내리락하며 두 집 식사를 돕는다. 반찬 업체에서 반찬을 가져다주면 먼저 3층에 반찬을 차리고 밥을 퍼서 식사 준비가 된 것을 확인한 뒤에 다른 반찬을 들고 7층으로 올라가서 밥상을 차린다. 가끔 반찬 때문에 사소한 다툼이 벌어지기도 해 개인 반찬 그

룻에 반찬을 일일이 담다 보니 안 그래도 바쁜 직원의 손길이 더욱 바빠진다.

　7층에서 입주자들과 식사를 마친 직원은 서둘러 3층으로 내려온다. 식탁 위에 널브러져 있는 빈 그릇을 싱크대에 가져가서 설거지를 한다. 3층 설거지를 마치면 다시 7층으로 올라가서 설거지를 하고 청소와 빨래까지 해야 한다. 세탁기를 돌려놓고 다시 3층으로 내려와서 청소와 빨래 등 기본적인 일들을 하면서 틈틈이 입주자들이 원하는 활동을 할 수 있도록 돕는다.

　동백원에서는 밥을 먹기만 하면 되었다. 조리원들이 식사 제공을 하고 설거지도 조리원들이 다 했다. 아파트에서는 직원 숫자가 부족해서 사회복지사들이 하루 세끼를 차리고, 먹고, 치우는 모든 일을 다 해야 한다.

　아파트로 이사 와 두세 달이 지나면서 직원들이 가장 힘들어하는 부분이 설거지가 되었다. 운영 주체인 사회복지법인 '동행'에서는 모든 집에 식기세척기를 사기로 했다. 사회복지사들의 수고를 조금이라도 덜어주려는 마음에서였다.

　그렇게 아파트살이 6개월 차. 입주자들이 점점 스스로 집안일을 하기 시작했다. 본인이 먹은 그릇을 설거지통에 갖다 놓는 사람, 식탁을 닦는 사람, 음식물 쓰레기를 모으는 사람, 식기세척기에 그릇을 넣는 사람까지. 모두가 할 수 있는 일이 다르고, 해내는 정도도 다르지만, 모두 한몫을 해낸다. 각자가 이 집의 주인이 될 수 있도록 직원들이 끊임없이 반복해서 도운 결과물이었다.

　진욱 씨는 3층으로 반찬 배달이 오면 엘리베이터를 타고 7층에 반찬을 가져다 준다. 단순한 일 같지만, 엘리베이터로 3층과 7층을 오갈 수 있기까지 수많은 시행착오를 겪었다. 다른 층에서 내려 버린 입주자를 찾아 직원들은 계단을 수없이 뛰어다니기도 했다.

　엘리베이터를 타고 오르내릴 수 있고 현관문 비밀번호를 익히니 할 수 있는 일이 더 늘었다. 혼자 집 앞 마트에 가서 먹고 싶은 과자를 살 수 있게 됐고, 음식물 쓰레기를 버리러 아파트 분리수거장에 다녀올 수도 있게 되었다. 같은 동에 있는 다른 집에 놀러 가기도 쉬워졌다. 다른 동에 있는 집을 찾아가는 것은 누구에겐 익숙한 일이 되었고, 누구에겐 아직 어렵다. 하지만 영원히 어렵지는 않을 것이다. 우리는 느릴 뿐 조금씩 더 나아지고 있기 때문이다.

'익히지 못하는 건 아니다. 단지 조금 느릴 뿐이다.'

혼자 비밀번호를 누르고 집에 들어가는 은규 씨,
먹고 난 그릇을 식기세척기에 넣고 설거지를 하는 기주 씨,
삐뚤삐뚤하지만 주소와 이름을 쓰는 은혜 씨가 그렇다.
그렇게 한 명 한 명 보이지 않게 어느새 아파트 생활에 적응해가고 있다.

.

너의 목소리가 들려

"????"

입주자들끼리 진행하는 홈 회의 모습을 보는 내내 머릿속에는 온통 물음표가 떠다녔다. 입사한 지 이제 일주일 차. 매주 금요일 2시에 홈 회의가 진행되니 지원하면

된다는 선임 직원의 이야기에도 사실 의문이 있던 터였다.

'의사소통이 안 되는 분들이 많은데 어떻게 회의를 한다는 걸까?'

그런데 지금 눈앞의 광경은 더욱 놀라웠다. 무슨 말인지 하나도 알아들을 수 없는 말들이 핑퐁처럼 오가고 있다. 더 신기한 점은 선임 직원은 옆에서 그 말들을 받아 적고 있다는 사실이었다. 그 내용은 이러했다.

진헌 씨는 규민 씨가 음악을 들을 때 너무 크게 들어 시끄럽다고 하소연을 함.

규민 씨는 앞으로 주의하겠다고 답을 했음.

사실 오고 간 대화라고는

"어- 으! 크~어어어."

"으으! 으!!" 였는데 말이다.

사실 진헌 씨와 규민 씨는 언어장애로 발음이 어눌하여 알아듣기 어려울 뿐, 싫고 좋음이나 가지고 있는 생각은 정확하게 표현하니 이해하기에 훨씬 수월하다. 막 옹알이를 시작한 아이들의 말을 부모는 알아듣는 것처럼,

이들도 그렇다. 함께 한 시간이 켜켜이 쌓인 직원들은 이들의 말을 금방 이해한다.

더 어려운 의사소통은 발달장애인의 경우다.

"주말에 드라이브는 어디로 갈까요?"라고 물으면 "네"라고 말한다.

"주말에 드라이브 가지 말고 집에 있을까요?"라고 물어도 "네"라고 한다.

'어떻게 하면 입주자들이 생각한 바를 표현할까?'

'입주자의 욕구를 어떻게 정확히 파악하지?'

직원들은 늘 고민했다. 지역사회에서 더욱 풍성하고 다채로운 개인의 삶을 살기 위해서는 입주자들의 욕구와 생각한 바를 제대로 파악하는 것이 필수 과제라고 생각했기 때문이다.

일방적인 지시나 직원들이 편한 대로 이끌어 가는 것은 장애인이 주체가 되는 삶이 아니라고 생각한 동행빌리지 직원들은 효율적이고 효과적인 홈 회의를 위해 매일 머리를 맞대면서 서로의 의견을 나누었다.

제대로 된 회의를 하기 위한 준비 회의가 끝없이 이어졌다.

언어소통이 되는 사람, 안 되는 사람.

글씨를 아는 사람, 모르는 사람.

몇 번의 설명이면 이해를 하는 사람, 아무리 설명해도 이해가 어려운 사람.

장애 유형도 다양하고 장애의 중증도도 각각인 사람들과 함께 회의를 한다는 것은 무척이나 힘든 일이었지만 동행빌리지 직원들은 서두르지 않고 조금씩, 조금씩 제대로 된 회의를 위해 나아갔다.

동행빌리지 직원들 대부분이 동백원에서 10년 이상 근무를 했기 때문에 동백원에서 장애인들의 욕구조사를 할 때 사용하던 방법을 도입했다.

입주자들이 가장 손쉽게 이해할 수 있는 도구는 사진, 그림, 동영상이다. 입주자들이 좋아하는 반찬을 선택하도록 돕기 위해 인터넷에서 사진을 찾았고, 식탁에 올라오는 반찬을 찍었고, 외식을 하면 음식을 찍었다. 그 사진들을 모아 집집마다 하나의 파일을 만들어 정리했다.

처음에 사진을 본 입주자들은 '뭐지?' 하며 고개를 갸우뚱거렸다.

직원이 "이 반찬 좋아해요?"라고 물으면 무조건 "네!"라고 답했다. 먹고 싶은 반찬 하나 선택하는 것도 어려웠다. 반찬 한두 가지 고르는데도 한 시간을 넘겼으니 다른 이야기는 할 시간이 없었다.

욕구는 경험에서 나오는 법이었다. 더 많은 것을 해보고, 먹어보고, 다양한 장소를 가보는 것이 우선이었다. 그렇게 직원들은 한편으로는 경험을 돕고, 한편으로는 선택을 도왔다.

직접 먹어 봤던 음식 사진을 보니 "싫다", "좋다"를 표현하기 시작했다. 선택도 했다. 여가 활동을 선택할 때는 사진과 함께 동영상도 사용했다. 사진만으로는 입주자들이 이해하도록 설명하기 어려운 점이 있었다.

운동을 좋아하는 규선 씨는 볼링 영상을 보고 관심을

보였고 노래를 좋아하는 기태 씨는 노래방 사진과 동영상을 보면서 노래방에 간 것처럼 환호를 하면서 마이크를 잡는 포즈를 취했다.

당사자가 직접 선택하니 직원들이 도울 일이 조금씩 줄었다.

홈 회의 시간이 아니어도 언제든 본인의 의사 표현이 쉽도록 집 한쪽 벽면에는 자석칠판을 마련해두고, 지원교사의 사진, 음식 사진, 여가 활동 사진 등을 하나하나 오려 붙여두었다.

입주자들은 먹고 싶은 사진을 골라 내밀기도 하고, 축구하는 사진을 들고 신발을 신으며 밖으로 이끌기도 했다. 직원들도 입주자들과의 의사소통 방법을 배우지만, 입주자들도 의사소통의 방법을 그렇게 조금씩 배워 나갔다.

변해가는 모습을 보니 불현듯 이런 생각이 들었다.
'스스로 말하고 결정할 기회를 도움이라는 이름으로 빼앗았던 건 아닐까?'

직원들의 생각에도 많은 변화가 생겼다. 무슨 일이든 입주자들에게 묻고 의논한다. 직원은 결정하는 사람이 아니다. 그래서 프로그램, 동아리 활동, 시설 행사 등 시설 운영에 대한 전반적인 내용을 안내하고 입주자의 의견을 묻는다. 참여를 강요하지도 않는다.

시설이라는 울타리 안에 두지 않고 필요할 때 자유롭게 시설을 쓰도록 한다. 입주자들이 결정하는 삶을 살도록 돕는다.

이만하면
잘한 거 아닌가?

동행빌리지 입주자들은 대부분 장애를 중
복으로 가지고 있는데 진욱 씨는 신체는 건강하면서 약간
의 지적장애와 언어장애가 있는 청년이다.

지적장애를 이유로 어린 시절부터 아버지의 폭력에 시

달렸다. 지적장애를 이해하지 못하는 아버지는 수시로 진욱 씨를 때렸다. 지적장애가 때려서 좋아질 수 없음에도 아버지는 진욱 씨가 실수를 할 때마다 주먹이나 매로 응징했다.

그러다 동백원에 12살 때 입소했다. 동백원에 처음 왔을 때 진욱 씨의 폭력성이 여실히 드러났다. 얌전하게 있다가도 조금만 마음에 들지 않으면 직원의 뺨을 때리거나 다른 장애인들에게도 수시로 폭력을 행사해서 동백원 가족 모두를 힘들게 했다.

동백원에는 진욱 씨처럼 폭력성을 내보이는 발달장애인이 몇 명 있었고 그들의 폭력성을 줄이고 없애기 위해 많은 노력을 기울였다. 타 지역 대학교수와 심리 상담 전문가를 초빙해 모든 직원들이 행동수정 기법 교육을 받기도 했다. 직원들이 먼저 장애에 대해 제대로 인식하고 대응하는 방법을 알아야 한다고 생각했기 때문이다. 입주자들에 대한 서비스의 질을 높이고, 삶의 질을 향상시키기 위해서는 직원들의 자질 향상 교육이 우선적으로 필요했다.

　자폐증, 지적장애 등 장애를 가진 사람들이 처음부터 폭력성을 보이거나 폭력성까지 타고 나지는 않는다. 대부분의 학교 폭력이 가정 폭력에서 기인하듯이 폭력은 학습에 의해 이루어진다. 어렸을 때는 폭력에 순응해 맞는 것에 길들여진 장애인들이 성인이 되어 신체가 발달하게 되면 내재되어 있던 폭력성이 표출되기 마련이다.

　진욱 씨는 동백원에서 생활하는 동안 직원들의 노력과 다른 장애인들과의 어울림 속에서 폭력성이 감소하면서 성격이 많이 좋아졌다. 툴툴거리는 말투와 미간에 깊게 주름이 잡힐 정도로 인상을 쓰며 말하는 습관 때문에 오해를 받기도 하지만 속정이 깊은 스타일이다. 집안일도 열심이고 다른 입주자들도 잘 챙긴다.

　진욱 씨는 같은 법인에서 운영하는 직업 재활 시설인 송정인더스트리에 다닌다. 파일 사업부에서 일을 하는데 그다지 열심히 일을 하지는 않는다. 장애인 콜택시로 출퇴근하는 재미가 제일 크고 일하는 시간에도 제약을 받지 않고 마음대로 돌아다니는 것을 좋아한다.

오늘은 토요일이라 회사에 출근하지 않았다. 오랜만에 잠도 푹 잤다. 시간이 많이 지난 거 같은데 아직 11시도 되지 않았다. TV를 틀어도 볼만한 게 없다. 다른 사람들은 다들 핸드폰으로 게임을 하거나 음악을 듣거나 뭔가를 하고 있다.

이미 오늘 출근하지 않은 교사들에게 전화를 싹 돌린 후였다. 진욱 씨는 전화가 취미다. 누구든 만나면 전화번호를 묻고, 안부 전화를 자주 한다.

"새새새샘~ 모모모해요?"

"오늘 출근이 아니라 집에서 쉬고 있었어요."

"어어어언제 와와와요?"

"내일 아침에 만나러 갈게요."

"왜왜왜요?"

진욱 씨를 처음 만나는 사람들은 마지막 질문에 당황하기 일쑤다. 대화가 도돌이표를 돌기 때문이다. 대답한 것을 묻고 또 묻는다. 물어보아서 대답했는데 왜냐고 다시 묻는다. 하지만 다시 한 번, 두 번, 차근히 설명해 주면 귀 기울여 듣는다.

전화도 다 했고, 무엇을 해볼까 고민하던 진욱 씨의 레이더에 때마침 부엌으로 향하는 직원의 모습이 잡혔다. 진욱 씨는 직원을 따라 부엌으로 갔다.

"서어생님, 오오오느을 바바바밥 제제제가 하하할게요."

"진욱 씨가 밥할 거예요?"

"네네네에."

"오~ 좋아요. 부탁드릴게요."

직원은 주말이면 두 집을 오가며 식사 준비를 해야 하기에 밥때만 되면 정신이 없다. 손이 부족한 시간에 진욱 씨가 먼저 이렇게 나서주니 무척 고마웠다. 가끔 밥을 해봤으니 맡겨도 되겠지 생각했다.

즐거운 얼굴로 진욱 씨가 밥을 하기 시작했다. 얼마 후 밥이 다 됐다며 자신 있게 밥통을 열어 보여준다. 열린 밥통에는 시커먼 죽 같은 검은 밥이 가득 있었다.

의기양양하게 밥통을 열어젖히던 진욱 씨는 망연자실
해 하는 직원의 표정을 살피더니 점점 얼굴이 굳어졌다.
미간의 주름이 점점 깊은 계곡을 이루고 어깨는 축 처
졌다.

쌀도, 함께 섞은 흑미도 너무 많았던 데다 물도 너무
많았다. 모든 것이 많아서 발생한 문제였고 진욱 씨의 손
이 큰 것이 원인이었다. 난감하게 밥통을 바라보는 직원
을 향해 진욱 씨는 기어들어가는 목소리로 말했다.

"왜왜왜왜요. 자자자잘못했어요?"

"음⋯⋯."

밥을 다시 해야 할까, 이 밥을 그대로 먹자고 말할까
고민하는데 직원이 아무 말이 없자 진욱 씨는 잘못했다는
생각이 들었는지 입이 삐죽 나왔다. 그 모습을 보고 옆에
있던 승재 아저씨가 진욱 씨를 토닥이고는 직원에게 한마
디 했다.

"몇 번 안 해봤는데 이만하면 잘한 거 아닌가?"

난감해 하던 직원은 승재 아저씨의 그 말에 깨달음을 얻었다.

'그래 이만하면 잘한 거지.'

"진욱 씨가 한 밥이니까 우리 맛있게 먹어요."

죽밥이긴 하지만 일단 맛있게 먹기로 했다. 저녁 식사 시간이 되자 숨죽이고 있던 진욱 씨가 다시 밥을 하겠다고 나섰다. 하지만 점심 때 진욱 씨가 해놓은 밥의 양이 너무 많아서 저녁에도 죽밥을 먹어야 했다.

다음 날 진욱 씨에게 쌀통 사용법부터 다시 설명했다. 여러 번 알려주었고, 진욱 씨도 여러 번 해보았지만, 아직은 더 연습이 필요했다.

"스위치를 한 번 누르면 일 인분씩 나오니까 입주자 네 명에 직원까지 하면 몇 번을 눌러야 되나요?" 하고 질문을 했다. 미간을 찌뿌리며 온갖 인상을 쓰던 진욱 씨가 쌀통을 누르기 시작했다.

다섯 번을 누를 때까지는 좋았는데 잽싸게 두 번을 더 눌렀다.

"왜 두 번을 더 눌렀어요? 다섯 번만 누르면 돼요. 다시 천천히 해보세요."

직원의 설명에 고개를 끄덕이던 진욱 씨는 신중하게 다섯 번을 누른 뒤 다시 잽싸게 두 번을 더 눌렀다.

쌀통 스위치를 다섯 번만 누르기까지 몇 번의 연습을 더 해야 했다. 흑미밥을 먹고 싶을 때는 흑미를 계량컵의 반 정도만 넣는 것이 적당하다고 설명했다. 쌀을 밥통에 붓고 손을 넣어 밥물 잡는 법을 다시 알려줬다.

그러다 직원은 '아차' 했다. 진욱 씨 손은 보통 사람보다 훨씬 두껍고 크다. '솥뚜껑만 한 손'이라는 표현이 딱 어울리는 손이었다. 그러니 일반적으로 손을 넣어 물을 잡는 방식으로 알려주면 물이 많을 수밖에 없었다. 그래서 더욱 밥이 죽이 되었던 것이다. 직원은 손이 아니라 컵을 사용해서 물 양을 조절하는 방법을 알려주었다. 오늘 진욱 씨도 직원도 하나하나씩 배웠다.

대부분의 사람들에게 중증 장애인에 대해 물으면 백

이면 백 '돌봐줘야 할 사람'이라고 말한다. 가족과 상담할 때도 대부분의 가족은 "그냥 건강하게 잘 돌봐주세요"라고 한다. 시설에 맡겨두었으니 알아서 돌보라고…….

'그냥'이란 말에는 꿈이나 희망이 없다.

그러나 중증 장애인이라고 해서 그냥 돌보기만 할 수는 없다.

아직도 동행빌리지 입주자들은 배워야 할 것이 많다. 아파트로 나왔지만, 평범한 일상을 사는 게 생각처럼 만만치 않다. 실수가 점점 일상이 되었고, 실수 속의 일상에서 하나씩 배워간다.

그렇게 장애인, 직원 모두가 노력한다. 각자 사정에 맞게 작은 일이라도 스스로 해보려고 한다. 직원은 옆에서 기다리며 돕는다. 직원 입장에서야 시간도 오래 걸리고 번거로운 일이지만, 입주자들이 '돌봐줘야 하는 사람'으로만 살게 하고 싶지 않기 때문이다.

아저씨가 인사했어요

　나른한 오후, 집에 모아 둔 종이 박스를 들
고 기주 씨와 현찬 씨가 분리수거를 하러 나섰다. 벌써 아
파트 생활도 3개월 차에 접어들어 이 정도는 직원의 동행
이 없어도 할 수 있게 되었다. 사실 거실에서 분리수거장

이 다 보일 만큼 가까워 더 안심할 수 있기도 하다.

그런데 분리수거를 다녀온 둘의 얼굴이 상기되어 있다. 뭔가 말하고 싶은 것이 많은 표정이다. 기주 씨가 들어오자마자 창밖을 손으로 가리키며 몸을 앞으로 숙인다.

"안녕하세요? 인사했어요!"

무슨 영문인지 몰라 현찬 씨를 쳐다보자 현찬 씨가 덧붙인다.

"아저씨가 우리에게 인사했어요. 우리도 인사했어요."

"아! 경비 아저씨가 인사했다는 건가요?"

그전에는 직원과 함께 분리수거를 하러 다니며 경비 아저씨와 마주치면 인사를 드리곤 했는데, 오늘은 입주자 두 분만 분리수거를 가니까 경비 아저씨가 먼저 인사를 건넸던 모양이다. 기주 씨와 현찬 씨는 경비 아저씨와 인사를 나눈 것만으로도 뭔가 뿌듯한 마음이 들었던 것 같다.

직원은 식탁 위에 있던 귤을 경비 아저씨께 가져다드리면 어떨지 물어보았다. 현찬 씨가 "내가 갔다 올게요"

하며 겉옷을 다시 챙겨 입었다. 직원이 작은 비닐봉지를 건네자 현찬 씨가 귤을 담았다. 직원이 한방 티백을 꺼내와 이것도 함께 담으면 좋겠다고 하니 고개를 끄덕이며 함께 담았다.

현찬 씨가 집을 나서고 직원과 기주 씨는 베란다 창문으로 경비실을 향해 힘차게 걸어가는 현찬 씨의 뒷모습을 지켜보았다. 경비실 문을 노크하고 인사를 하며 들어가는 현찬 씨의 모습이 너무나 자연스러워 직원은 새삼 뭉클해졌다.

그 후로 현찬 씨는 자연스레 쓰레기 당번이 되었다. "누가 쓰레기 버리러 갈까요?"라고 묻기도 전에 음식물 쓰레기통을 들고 나서고, 분리수거함을 들고 신발을 신고 있다.

그러다 더 좋은 일이 생기기도 했다. 바로 앞 동에 사는 여동생을 만난 것이다. 앞 동에 사는 현찬 씨의 여동생은 오빠를 생각해 간식을 갖다 주기도 하고, 치킨을 배달시켜주기도 하는 등 평소에도 왕래가 잦은 편이었다. 그런데 아침 먹고 쓰레기를 버리러 나섰던 그 길에 출근하는 여동생을 우연히 마주친 것이다.

그렇게 분리수거장은 현찬 씨에게 '만남의 광장'이 되었다. 경비 아저씨와 인사를 하고, 여동생을 만나고, 이웃들을 마주친다.

몇 년 전 '응답하라 1988'이라는 드라마가 선풍적인 인기를 끌었다. 드라마를 보면, 이웃들이 하나둘씩 모여 평상에서 수다를 떨고, 서로의 집에서 함께 식사를 하며, 동네 아이들은 누가 먼저랄 것도 없이 한 집에 모여 논다. 말 그대로 '이웃사촌'의 모습이 시청자들에게 향수를 불러일으켰다.

하지만 우리에게 '이웃사촌'이라는 개념은 더 이상 유효하지 않다. 한 설문조사에 따르면 10명 중 4명은 옆집에 누가 사는지 모른다고 한다. 윗집, 아랫집과는 층간 소음으로 얼굴 붉힐 일만 없으면 다행인 세상이다.

우리 역시 아파트로 이사 왔을 때 이웃의 시선이 두려웠다.

장애인이 옆집에 사는 것을 반겨 줄 이웃이 있을까?

괜히 위축되기도 했다.

동백원에서 동행빌리지로 이사 온 기념으로 떡을 돌렸다. 같은 층은 물론 한 개 층 위아래로 많은 집들을 찾아다니며 떡을 돌렸다. 사람들 대부분은 반갑게 인사를 하며 떡을 받아주었으나 시큰둥한 집들도 있었다.

벨을 눌러도 나와 보지 않고 인터폰을 통해 이렇게 말하는 사람도 있었다.

"동백원이요? 제가 왜 이 떡을 받아야 하지요? 그냥 가져가세요."

얼굴이 빨개질 정도로 무안했다. 재차 권해보았지만, 싸늘한 반응은 같았다. 끝내 떡은 전달하지 못하고 돌아왔다. 하지만 그래도 고맙다며 받아주는 다른 이웃이 있었기에 아파트에서 살아갈 용기가 났다. 뒤따르는 인사가 없어도, 묵묵부답이어도 먼저 인사를 건넸다.

그런 경험들이 쌓였기 때문에 더욱 기주 씨와 현찬 씨

는 경비 아저씨의 인사를 받고 기뻤을 것이다. 시내와 떨어져 있는 시설에서 단체 생활을 할 땐 경험할 수 없었던 일이었다.

'아파트라 참 좋다' 하는 생각이 들었다.

분리수거장에서, 엘리베이터에서, 복도에서 늘 사람을 만난다.

인사를 건넬 수 있는 사람들이 있고, 낯선 사람에서 이웃이 되는 사람들이 있다.

층간 소음

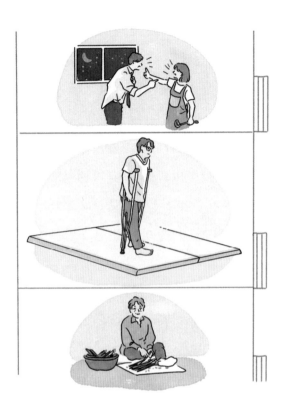

'장애인이니 이해해주세요.'

뻔뻔한 이야기다. 비장애인과 다를 바 없이 살기 위
해 아파트로 나왔으니 이해를 바라기보다는 노력을 해야
한다.

동행빌리지 입주자들은 입주 전까지 동백원에서 생활했다. 동백원에 생활방이 위치한 곳은 2층짜리 건물이다. 30년이 훌쩍 넘은 낡은 건물이지만 꽤 튼튼하게 지어졌다.

그래서 층간 소음과 무관한 생활을 했다. 복도에서도 방에서도 마음껏 뛰었고 쿵쿵거리며 걸어도 다른 사람에게 피해를 주지 않았다. 살아온 습관이 그렇다 보니 아파트로 입주하기 전 직원들의 가장 큰 고민은 층간 소음이었다.

'아래층에 피해를 주지 않을까?' 하는 마음에 걱정이 이만저만이 아니었다. 최대한 1층 집을 구하기 위해 노력했지만 우리가 원하는 대로 매물이 나오진 않았다.

뾰족한 방법이 떠오르지는 않았지만, 층간 소음을 최소화해야 했기에 다양한 노력을 했다. 입주 전 미리 아파트 거실 곳곳에 매트를 깔았다. 보통 아이를 키우는 집에서 쓰는 매트보다 3배는 두꺼웠다.

실내에서 신을 수 있는 실내화를 구매했고, "아파트에

나가면 동백원에서처럼 집에서 뛰거나 쿵쿵 걸으면 안 돼요"라는 말을 입에 달고 살았다.

입주 후에는 3cm 두께의 실내화를 신고 거실에서 천천히 걷는 연습도 했다. 층간 소음을 이해하지 못하는 입주자들에게 매주 층간 소음 피해 영상, 그림 자료 등을 찾아 교육도 했다.

걸을 때 '쿵' 소리가 나면 천천히 걸어야 한다고 설명하고 또 설명했다. 하지만 장애가 있는 다리 때문에 넘어지거나 목발로 바닥을 찍으며 걷는 것까지 바꿀 수는 없었다.

713호에 입주한 지 세 달째 되던 날이었다.

집 앞에서 마주친 옆집 할머니가 직원에게 조심스럽게 말을 건넨다. 옆집 할머니는 입주한 날 서로 잘 살아보자며 따뜻하게 우리를 반겨준 분이다.

그 후로도 종종 집 앞에서 마주칠 때면 직원에게 '고생한다', '보기 좋다'며 미소를 지어주었다. 그런데 오늘은 평소와는 다른 얼굴이다. 할 말이 있는데, 꺼내기 망설이는 것 같다. '뭐지?' 불안한 마음이 들었다.

"할머니, 무슨 일인가요? 혹시 저희 입주자분들과 관련된 이야긴가요?"

우려했던 일이 터졌다.

평소 할머니는 613호에 사는 아주머니와 왕래하며 친하게 지낸다고 한다. 오늘도 오전에 613호 아주머니를 만났는데 위층에서 들려오는 '쿵쿵' 소리가 너무 심해 스트레스를 받는다고 말했다는 것이다. 이른 아침부터 소음이 심해 편히 쉴 수가 없다며, 시청에 민원을 넣겠다고 엄포를 놓았다고 한다.

입주하고 별다른 일이 없어 한시름 놓고 있었는데, 아래층에서 참고 있었던 것이었다. 우리도 열심히 노력했는데 아래층도 그동안 이해해주고 있었다고 생각하니 미안함이 밀려왔다.

곧바로 613호를 찾아갔다. 벨을 눌렀지만 아무도 나오지 않았다. 한 시간 뒤 다시 찾아갔지만, 여전히 집에는 아무도 없었다. 어쩔 수 없이 쪽지를 적어 현관문에 붙여 놓고 돌아왔다. 조심히 걸으려고 많이 노력했는데 폐를 끼쳐 죄송하다며, 앞으로 더 조심하겠다는 내용이었다. 쪽지를 붙인 후 별다른 반응이 없었다.

며칠 후 옆집 할머니를 만났는데 아래층에서 이해한다고 말했다고 전해주었다. 하지만 이해를 바라기만 해서는 안 될 일이었다. '층간 소음을 어떻게 더 줄일 수 있을까?' 우리의 고민은 계속되었다.

315호에서는 또 다른 고민이 있었다. 바로 윗집이 너무 시끄러운 것이었다. 저녁 시간에 쿵쿵거리는 것은 물론이고 드르륵드르륵하는 소리도 쉴 새 없이 들렸다. 새벽까지 싸우는 소리가 너무나 생생하게 들리는 날도 잦았다. 직원들은 만나면 '어젯밤엔 조용했어요?'라고 묻는 것이 인사가 되었다.

그러던 어느 날 아침, 진욱 씨가 씩씩거리며 들어왔다.

"어디를 다녀왔어요?"

"시시시십사층이요."

"14층에는 왜요?"

"너너너너무 시···시끄럽다고 마···말하고 왔어요. 자···잠을 모모모못 잤어요."

어젯밤에 잠을 못 잔 탓인지 얼굴에는 피곤함이 가득했고, 인상을 써서 미간에 주름이 더욱 깊게 패였다. 직원들은 동행빌리지라는 시설을 대표한다 생각하니 층간 소음의 피해자가 되어도 항의를 하는 것이 쉽지 않았는데, 진욱 씨는 이 집의 주인으로서 당당하게 항의를 하러 간 것이었다.

그런데 잠깐.

"14층이요?"

"네."

"아···진욱 씨 우리집은 3층이에요."

진욱 씨는 4층을 찾아갔어야 했는데 엉뚱하게도 14층을 찾아가버린 것이다. 직원은 진욱 씨에게 설명을 하고 바로 같이 달려나가 14층에 사과의 말을 전했다. 그리고 돌아오는 길, 4층에 함께 들러서 말하고 올까 물었지만 진욱 씨가 다음에 가겠다고 해 집으로 돌아왔다.

7층은 후원자님이 보내주신 소중한 후원금으로 매트 시공을 했다. 입주자들의 걸음걸이도, 직원의 마음도 편해졌다. 6층에 사시는 분도 요즘은 덜 시끄럽다는 기쁜 소식을 전해주었다. 3층은 아직 층간 소음에 시달리고 있다. 직접 찾아가는 것보다는 관리사무소에 이야기하는 것이 낫다고 하여 경비 아저씨에게만 한두 번 말해보았다. 그다지 효과는 없다.

아파트 살이에 필연적으로 따라오는 층간 소음. 가해자도, 피해자도 되지 않기 위해 동행빌리지에서는 매일매일 고민하고 또 노력하며 산다.

만남의 정자

　　몇 년 전 동백원에서 환갑잔치를 치른 경민
어르신은 지금도 누나를 고모라고 부른다. 조카들이 누나
를 고모라고 부르는 것을 보고 따라 부른 것이 지금까지
이어지고 있다.

어린 시절 두뇌염으로 장애가 생긴 경민 어르신은 학교를 다니지 못했다. 지적장애와 언어장애도 있어 말을 더듬더듬 어렵게 한다. 신체는 건강했고 힘이 장사여서 무거운 짐을 나를 때는 도맡아 했다. 마음씨가 착해 항상 누군가를 도와주려고 노력한다.

이제 부모님과 형들은 모두 세상을 떠나고 명절이면 누나와 동생을 만난다. 하지만 코로나19의 확산으로 그마저도 어려워졌다.

보고 싶은 사람이 생각날 때 경민 어르신은 영상통화를 하면서 그리움을 채워본다. 광주에 사는 누나도 바빠 사느라 전화 통화도 자꾸 놓치게 된다며 이렇게 얼굴을 볼 수 있으니 참 좋다 한다.

영상통화를 좋아하는 경민 어르신은 매일 동백원에 전화를 한다. 동백원을 떠나온 지 얼마 되지 않았지만 30년 가까이 살아온 곳이어서일까? 함께 살던 동백원 식구들에게 전화를 걸어 안부를 묻는다.

대부분의 통화는 성규 어르신과 이루어지는데 지나가

는 동백원 사회복지사가 있으면 성규 어르신이 바꿔준다. 덕분에 경민 어르신은 정들었던 직원들과 인사도 나누고 다른 동백원의 가족들과도 인사를 나눈다.

통화하는 모습을 지켜보고 있으면 참 신기한 것이, 별 말을 하지 않는데도 서로 고개를 끄덕끄덕, 다 통한다는 것이다.

"어~어어? 어어어!", "어어어. 어어~." 하며 대화를 이어나간다. 통화가 끝날 때쯤 성규 어르신이 전화기로 동백원을 한 바퀴 비춰주면 그리운 동백원 모습에 만족한 표정으로 통화가 끝난다.

경민 어르신이 동백원 생활을 그리워하는 반면 동백원에서 생활하는 성규 어르신은 내심 아파트 생활을 궁금해했다. 성규 어르신은 동백원 개원 초에 들어온 초창기 멤버로 동백원에서 가장 오래 살고 있다.

뇌병변 장애로 편마비가 있지만 목발을 짚고 돌아다닐 수 있다. 언어장애가 심하고 침이 계속 흘러 언어적인 의사소통이 힘들다. 독실한 천주교 신자로 매주 일요일 미사를 드리며 신부님과 수녀님을 만나는 것을 좋아하는데 코로나로 인하여 성당에 나가지 못해 아쉬워하고 있다.

2020년 추석이 다가올 무렵 성규 어르신은 추석을 핑계로 경민 어르신을 비롯해 동백원을 떠나 아파트에 사는 사람들 얼굴이나 보고 오자, 하고 나섰다. 사람들 소식도 궁금했지만 한편으로는 아파트에서 어떻게 사는지가 보고 싶었다. 한 손으로는 목발을 짚고 한 손에는 동행빌리지 식구들에게 줄 음료수를 챙겼다.

장애인 콜택시를 이용해서 아파트 주차장에 도착한 성규 어르신은 오랜 친구 경민 어르신에게 전화를 걸었다.

"ㅈㅈ."

"아? 어어."

성규 어르신이나 경민 어르신은 서로 별다른 말이 필요 없었다. 30년 넘게 같이 살아온 사이이니 그저 영상통화의 표정만으로도 척척이었다. 경민 어르신이 주섬주섬 옷을 입기 시작했다. 직원은 영문을 몰라 어디 가시냐고 물었더니 주차장에 내려간다 하신다.

같이 가시자고 하니 "서서성그그" 라고 하신다. 성규 어르신이 오셨다는 말인가? 반신반의하며 함께 내려가 보니 주차장 옆에 있는 정자에 정말 성규 어르신이 앉아 있었다. 두 분의 전화 통화가 새삼 신기했다.

성규 어르신은 경민 어르신과 직원의 얼굴을 보자마자 뭐라 뭐라 말을 하기 시작했다. 직원은 이해가 잘되지 않아 경민 어르신 얼굴을 한 번, 성규 어르신 얼굴을 한 번 번갈아 가며 쳐다보았다. 한참 이야기를 나눈 끝에 아파트가 보고 싶다는 말이었음을 알았다.

함께 엘리베이터를 타고 경민 어르신 집에 들어섰다. 성규 어르신은 거실을 비롯해 각 방과 화장실 등을 꼼꼼하게 둘러본 뒤 만족한 표정을 지으며 다시 경민 어르신과 정자로 내려왔다. 정자에 앉은 성규 어르신이 다른 동에 사는 승재 아저씨에게 전화를 했다.

옆 동에서 달려온 승재 아저씨와 서로 얼굴을 보며 어찌나 웃는지……. 승재 아저씨는 성규 어르신과 30년은 같이 산 것 같다며 가족보다 더 가깝고 더 오래 산 가족이라 말한다. 성규 어르신은 한 명 한 명에게 캔커피를 건넸다.

동백원 마당에는 자판기가 있는데, 그 앞 벤치에 삼삼오오 둘러앉아 커피를 마시는 것이 소소한 일상이었다. 꼭 그때 생각이 나서인지 셋은 다시 한 번 서로의 얼굴을 보며 웃었다.

그렇게 가동 앞 정자는 가끔 다른 동에 사는 사람들과 어울리며 소식을 나누는 전용 장소가 되었다. 코로나19가 더 심해진 2021년 설에는 외부인들이 아파트 안에 들어올 수가 없게 되었다.

준식 씨는 두 살 때 지적장애와 언어장애 판정을 받고 13살이 되던 93년부터 동백원에서 살았다. 동백원에 들어온 뒤로 한동안 가족들과 연락이 끊겼다. 동백원에서는 연락이 닿지 않는 가족들을 찾기 위해 많은 노력을 기울였다. 동백원 직원이 수소문해 첫째 형 연락처를 알게 되었고, 몇 년 전에는 둘째 형이 먼저 연락을 해왔다. 그렇게 다시 가족들을 만났다.

2021년 설에는 코로나19의 확산으로 귀가가 어려워 형이 남동생과 함께 준식 씨를 찾아오겠다는 연락을 했다. 준식 씨는 전날부터 잠을 자지 못했다. 아침부터 오고 있다는 형의 전화를 받자 팔짝팔짝 뛰며 "형 와~, 집에 가~"라며 환호성을 질렀다.

　"준식 님, 올해는 어머님 건강도 안 좋으시고, 코로나로 모이기도 어려워서 집에는 못 가시고, 오늘 잠깐 형과 동생분만 만나고 오실 거예요"라고 설명을 드려도 준식 씨는 마냥 좋다 한다.

　가족이란 그냥 얼굴을 보고, 만날 수 있는 것만으로도 좋은 것이다. 전화 벨소리가 울리자마자 준식 씨는 현관문을 열고 복도로 나가 창문 너머로 보이는 형제들에게 손을 흔든다.

　준식 씨의 형은 동생이 동백원을 떠나 아파트에 살면 어떨까 한다는 의논을 해왔을 때 '뭔가 좋은 일이구나! 준식이에게 좋은 일이 생겼구나!' 하고 생각해 망설임 없이 찬성했단다. 그리고 이렇게 아파트에서 현관문을 열고 나오는 모습을 보니 여느 사람들과 다를 것 없어 보여 정말 좋다고 말했다.

정자에 앉아 도란도란 이야기를 나누더니 형제들끼리 오붓하게 드라이브를 하고 맛있는 밥을 먹고 오겠다 한다. 차에 오르는 세 분의 뒷모습이 꼭 닮았다. 그 모습이 참 아름다워 직원은 소리치며 손을 크게 흔들었다.

"잘 다녀오세요!"

인사를 하고 돌아선 직원의 눈에 보이는 만남의 정자.

서로 다른 동에 사는 동행빌리지 가족들의 만남을 이어주고 외부인들과의 만남도 이어주는 정자가 오늘따라 정겹게 보였다.

3장

스며들다

단 하루만이라도

　　"자식보다 단 하루만이라도 더 사는 것, 그게 제 소원이에요."

　　장애가 있는 자녀를 둔 모든 부모들의 소망이다.

　　그 소망은 자신이 세상을 떠난 후에 홀로 남겨진 자녀

가 마주할 사회의 온도를 알기에 더욱 간절하다.

윤아 씨는 부모님이 일찍 돌아가시고 외할머니 손에 자랐다. 할머니는 늘 "내가 죽고 나면 우리 윤아는 어떻게 사나?"를 입버릇처럼 달고 살았다.

윤아 씨는 지적장애가 있지만 할머니와 함께 살면서 일반 중학교를 다녔다. 하지만 할머니 혼자서 지적장애가 있는 손녀를 키워나가는 것엔 한계가 있었다. 점점 체력이 따라주질 않았고 자꾸 깜빡하고 놓치는 것이 많았다.

할머니는 윤아 씨가 성희롱이나 성폭력의 대상이 되지 않을까 늘 우려했다. 그래서 더욱 혼자 남겨질 손녀가 걱정되었다. 혼자 사는 여자 지적장애인이 우리 사회에서 얼마나 쉽게 '대상'이 될 수 있는지 할머니도 알고 있었다.

울타리가 필요했다. 내가 떠나도 윤아가 안전하게 살 수 있는 곳, 윤아의 보호막이 되어줄 수 있는 곳. 그래야 나중에 편히 눈 감을 수 있을 것 같았다.

그래서 면사무소를 찾아갔다. 무슨 방법이 없겠냐고.

'내가 죽더라도 윤아는 잘 살았으면 좋겠는데~' 하는

소망을 내비쳤다.

그렇게 해서 윤아 씨는 17살이 되던 해에 할머니와 작별하고 살던 집을 떠나 동백원으로 이사를 왔다. 동백원에는 윤아만을 생각해주는 할머니는 없었지만, 새로운 룸메이트가 생기고 어려운 일이 있을 때 의지할 수 있는 사회복지사들이 생겼다.

특수학교 고등부로 학교도 다시 다녔지만 글을 익히지는 못했다. 윤아 씨는 동백원에서 제공하는 많은 프로그램에 열심히 참여하고 즐겨 했다. 밝고 명랑한 윤아 씨는 동백원 가족들하고도 사이좋게 지내며 모두에게서 귀여움을 받았다.

그래도 할머니는 여전히 윤아 씨의 하나뿐인 가족이다. 윤아 씨는 주말에, 생일에, 명절에 할머니를 만나러 갔다. 윤아 씨와 할머니의 만남에 동행한 직원들은 대화도 별로 없는 두 사람의 만남에서 사랑의 충만함을 느끼곤 했다.

몇 년 전, 할머니는 노인성 치매로 요양병원에 입원했다. 윤아 씨는 요양병원으로 할머니를 만나러 갔다. 할머니는 점점 윤아 씨를 알아보지 못하게 되었다. 그래도 윤아 씨는 할머니를 보고 싶어 했고 그럴 때마다 직원과 함께 요양병원을 찾았다.

2018년 6월에는 자신의 생일파티를 할머니와 함께하고 싶다며 케이크를 사 들고 병원에 갔다. 하지만 할머니는 아무것도 드실 수 없을 만큼 약해져 있었다. 그리고 그해 8월 할머니는 세상을 떠났다. 윤아 씨는 동백원에 남겨졌다.

윤아 씨는 2020년, 동백원에서 다시 동행빌리지로 이사를 했다. 31평, 방 3개짜리 아파트에서 나이 많은 큰 언니와 또래 친구, 어린 동생과 함께 산다. 손톱에 매니큐어를 바르고 신나는 노래에 맞추어 춤을 추는 것을 좋아한다. 비즈를 이용하여 팔찌, 반지, 목걸이 등 장신구도 제법 잘 만든다.

아파트에 살면서 윤아 씨에게 가장 어려운 부분은 계단이었다. 계단이 무서워 오르내리기를 힘들어했다. 아파트 출입구의 네 개짜리 계단을 내려오는데 손잡이가 없어 얼어버린 적도 있었다. 경사로로 돌아오기도 했고 계단 네 개를 내려오는데 10분이 넘게 걸린 적도 있었다.

그래서 직원은 윤아 씨에게 연습을 해보자고 제안했다. 우선 계단이 없는 산책로를 함께 다녔고 오르막이든 내리막이든 여기저기 다양하게 걸었다. '계단이 무섭지 않도록 우리 더 많이 다녀요' 하는 직원의 말에 고개를 끄덕였다. 손을 잡으니 용기가 났다. 직원과 손을 잡고 계단에 도전을 했다.

한 계단 한 계단 오를 때마다 윤아 씨는 힘들어했고 직원의 손을 힘주어 잡다 보니 직원은 손이 아플 정도였다. 내려오는 계단은 더 힘들어했다. 첫발을 내딛기가 무척 힘들었고 그럴 때마다 직원은 손을 잡아주며 윤아 씨를 격려했다.

한 걸음을 내려오고 나서 직원을 쳐다보며 웃음짓는

윤아 씨의 환한 미소 속에는 직원의 수고가 묻어있었다. 윤아 씨는 그렇게 매일 계단을 오르내리는 연습을 한 덕분에 빠르지는 않지만 천천히 계단을 오르내릴 수 있게 되었다.

세탁기를 혼자 돌리는 연습도 했다. 빨래를 넣을 수는 있는데 전원 버튼을 찾는 것이 늘 어렵다. 세제를 적당하게 넣는 것도 난관이다. 직원은 차근차근 해보자 했다. 하나씩 배워가면 될 일이다.

마트에 가서 필요한 것을 사고, 아파트 상가에 있는 미용실에 가서 머리를 하는 것은 너무나 즐거운 일이다. 돈을 스스로 계산하는 것은 아직 어렵다. 체크카드로 계산하고 영수증을 받는다. 영수증에 쓰인 내용을 알 수 있게 하며 돈을 규모 있게 쓸 수 있도록 돕는 것은 직원의 역할이다.

차를 타고 드라이브를 다니거나 외식을 하고, 카페에 가서 멋진 바다 풍경을 보며 커피를 마시는 것도 좋아하는 윤아 씨다. 룸메이트들과 가끔은 티격태격도 하지만 대부분의 시간은 서로 즐겁게 지낸다. 기꺼이 윤아 씨를 돕는 직원이 항상 함께 하는 것도 든든한 일이다.

오늘도 시설 입주를 희망하는 전화가 울린다. 하지만 시설을 소규모화하고 신규 입소를 제한하는 정부 정책 때문에 대부분의 입소 의뢰에 대한 답은 거절일 수밖에 없다. 최근에는 '탈시설' 담론이 화두다. 일각에서는 시설을 폐쇄하자는 주장도 한다. 탈시설 담론을 꺼내는 쪽은 보통 지체장애인이고, 시설이 필요하다고 말하는 쪽은 중증 뇌병변 장애, 발달장애 쪽이다. 장애의 유형에 따라 그 삶도, 필요한 것도 모두 다를진대 탈시설의 문제를 흑백논리로 보고 있는 상황이 안타깝다.

실제 장애 당사자나 가족의 이야기에 귀 기울여 보았는지도 의문이다. '자식보다 하루라도 더 살고 싶은' 부모의 마음은 '내가 눈 감은 후 내 자식을 믿고 맡길 수 있는 곳'을 찾는 부모의 마음일 것이다.

윤아 씨의 할머니는 아마도 편하게 눈을 감지 않았을까. 하늘에서 윤아 씨의 생활을 보며 흐뭇해하고 있을 것으로 동행빌리지 직원들은 믿는다.

출근하고 싶어요

　　특수학교의 졸업식은 늘 슬프다. 대부분의
졸업식은 한 단계 더 전진하기 위한 시작이기에 모두가
축하를 주고 받지만 특수학교 졸업식은 그렇지가 못하다.
　'학교를 졸업하면 이제 이 아이는 어디로 가지?'

이러한 고민 때문에 부모님의 얼굴엔 수심이 가득하다. 그동안 학교 가는 시간이라도 마음이 놓였는데 졸업하고 나면 대부분의 학생들은 딱히 갈 곳이 마땅치 않다. 전공과[4] 같은 제도도 있지만 숫자도 한정적이고 길어야 2년이다. 그 뒤에는 정말로 갈 곳이 없다.

아침에 일어나 갈 곳이 있다는 것은 누구에게나 행복한 일이다. 일하는 사람이 그렇지 않은 사람보다 더 오래 산다고 한다. 인간의 수명과도 상관있다니 일을 한다는 것은 얼마나 행복한가. 사람은 일을 하면서 자신의 존재 가치를 인정받는다.

장애인들이 일반 기업에 취직해서 일하기는 매우 어려운 것이 현실이다. 여수에는 중증 장애인 직업 재활 시설이 여러 곳 있다. 그곳에서 일할 수 있다면 그것 역시 감사한 일이다.

하지만 직업 재활 시설에서도 일하기 어려운 중증 장애인들이 있다. 근로 능력이 직업 재활 시설에서 원하는

---

4 특수학교 학생들이 고등학교 과정을 끝낸 후 거치는 직업교육 과정

바에 미치지 못하는 것이다. 현찬 씨처럼 지적장애에 집중력이 약한 장애인들은 우리나라에서 갈 곳이 없다.

아침에 일어나 출근 준비를 하는 영진 씨를 지켜보는 현찬 씨 눈에 부러움이 한가득이다. 지적장애가 있는 현찬 씨는 올해로 만 40세가 되었다. 얼굴도 호감형이고 키도 훤칠해 어디서든 눈에 띈다.

20살쯤 동백원에 입소해 여명학교 전공과까지 졸업했다. 특수학교를 14년이나 다녔지만 글을 읽거나 쓰지는 못한다. 집중력이 약해 한 자리에 5분 이상 앉아 있지를 못하고 항상 돌아다니기를 좋아한다.

셔츠를 입고 넥타이 매는 것을 좋아하고 볼펜과 메모지를 항상 챙겨 다닌다. 글을 쓸 줄 모르는데도 볼펜과 메모지를 가지고 다니는 것은 직원들의 메모하는 모습이 좋아 보여 그런 것으로 짐작한다.

며칠 전 여수 시내의 한 요양병원에서 청소를 도와줄 사람이 필요하다고 연락이 와 현찬 씨에게 이런 일자리가 있는데 어떠냐 물었다. 현찬 씨는 설명을 다 듣기도 전에 오케이 오케이를 외친다. 정장을 입고, 머리를 깔끔하게 넘기고, 구두도 신었다. 면접을 보러 가는 길, 현찬 씨의 얼굴은 설렘으로 가득해 보였다.

하지만 막상 면접을 들어가서는 긴장한 탓에 면접관의 질문에 제대로 답변을 하지 못해 떨어지고 말았다. 엘리베이터를 수시로 타고 내리며 물건을 정확한 위치에 갖다줄 수 있느냐는 질문에 "모모모르겠는데요"라고 해버렸다. 그러고는 계속 문을 멀뚱멀뚱 쳐다보았다.

그동안 아파트에 살면서 엘리베이터 타는 연습도 했고, 숫자도 익혔는데 막상 면접을 보니 엉뚱한 대답을 하고 만 것이다. 시무룩하게 요양병원을 나서는 현찬 씨의 어깨가 축 처졌다.

면접에서 떨어지고 며칠 후, 기분 전환 겸 머리 스타일을 바꿔보려고 현찬 씨와 아파트 상가에 있는 미용실에 갔다. 미용실 원장님은 포근한 인상의 50대 아주머니다. 보통 미용실에 가면 입주자 머리를 어떤 스타일로 할지 입주자에게 묻는 것이 아니라 곁에 있는 직원에게 묻는다. '보호자'라고 생각하는 것이다.

그런데 원장님은 달랐다. 처음에는 직원에게 물었지만, 두 번째부터는 입주자에게 직접 어떤 머리를 하고 싶은지 물었다. 의사 표현이 잘 되지 않아도 묵묵히 기다려주며 의견을 들으려 노력했다. 원장님의 마음 씀씀이가 느껴져 입주자들의 단골 미용실이 됐다.

현찬 씨가 파마하는 동안 직원은 원장님과 이런저런 대화를 나누었다. 이때다 싶어 조심스럽게 말을 꺼냈다.

"원장님 혹시 저희 입주자가 미용실 청소를 도우면 어떨까요?"

"네? 청소를요?"

"바닥에 떨어진 머리카락 쓰는 건 잘할 수 있을 거 같아서요."

"아……, 지금은 손님이 많지 않아 도울만한 게 딱히 없는데…….''

"네. 혹시 필요하면 언제든 말씀해주세요."

원장님은 어색한 듯 웃으며 필요하면 말하겠다고 했다.

괜히 마음씨 좋은 원장님을 당황하게 만든 것 같아 미안한 마음도 들었다. 하지만 한 번 시도를 해보고 나니 용기가 났다. 거절을 두려워하지 말고 계속 시도해야겠다는 의욕도 솟아오르는 듯 했다.

장애인에게 일자리는 단순히 돈을 버는 목적을 넘어서 사회와 단절되지 않는 끈이다. 시설이라는 울타리 안에서 배 안 고프고 편하게 살면 되지 않냐고 말하는 사람도 있겠지만, 인간은 어울려 살아야 하는 존재다.

그렇기에 직원은 앞으로도 조그만 일거리라도 만들거나 지속적으로 취업의 문을 두드려야겠다는 결심을 했다. 이 사회에서 '내 일'을 가지고 좀 더 당당하게 '나의 삶'을 꾸려나가는 동행빌리지 가족들이 될 수 있도록.

사위가 생겼어요

"안녕하세요. 저, 도착했어요."

살짝 떨리는 목소리가 수화기를 통해 흘러나왔다. 오

늘은 은수 어르신의 딸이 남자친구를 소개하러 오는 날이

다. 지적장애가 있는 은수 어르신은 시골에서 20살쯤 결

혼해 아들 둘, 딸 하나를 낳았다.

은수 어르신은 결혼 후 거의 매일 남편의 폭력에 시달려야 했다. 가끔 그때를 회상하며 띄엄띄엄 이야기하는 은수 어르신은 폭력의 공포에 몸을 떨기도 했다. 이마에 선명히 남은 상처에 대해 물어보면 표정이 어두워지며 착잡한 목소리로 '낫 맞았네' 하신다. 불행 중 다행으로 지병이 있던 남편이 일찍 세상을 떠났고 폭력은 그쳤다.

혼자서 아이들을 키울 능력이 되지 않아 아이들은 아동 양육 시설에 맡겨졌다. 지적장애가 있는 은수 어르신은 동백원에서 생활하게 되었다. 아이들의 보호자가 된 시댁과도 연락이 두절되어 더는 만나지 못하고 가족의 연이 끊어진 채 살았다.

그러다 2016년 설에 다시 자녀들의 얼굴을 20여 년 만에 보게 되었다. 원 가족과의 관계 형성을 중요시하는 동백원에서는 직원들이 수시로 자녀들의 연락처를 수소문했고 드문드문 연락해 오고 있었다.

'엄마 얼굴 한 번 보러 오시라'는 동백원 직원들의 지속된 요청에 드디어 응답을 한 것이다. 오랜 세월이 흘러 어색함은 있었지만 가족은 가족이었다. 표현하지는 못했지만 늘 마음속에 품고 있던 아들이고, 딸이었다. 자녀들은 어린 시절의 엄마 모습을 어렴풋이 기억했고 은수 어르신도 옛날 이야기에 반가운 마음을 감추지 못했다.

오랜만에 만나는 엄마에게 아들과 딸은 장갑을 사 들고 왔다. 추운 겨울 손 시리지 않고 따뜻하게 보냈으면 하는 마음을 담은 선물이었다.

은수 어르신은 활짝 웃으며 "다음에는 양말도 사가지고 와" 했다.

또 오라는 말이었다.

자주 보고 싶은 마음을 에둘러 표현한 것이었다.

자녀들이 돌아간 후 직원들을 보며 "우리 딸이 장갑을 사 왔어. 추울 때 끼라네" 하며 자랑을 했다.

"자녀 결혼식 혼주석에도 앉아보고, 손자 손녀도 보셔야지요~" 하면, "딸이랑 살고 싶네" 하는 소망을 내비치기도 했다.

그렇게 다시 만난 자녀들이었지만 사는 것이 바빠 생각처럼 자주 만나지는 못했다. 연락은 꾸준히 했어도 얼굴 본 지는 2년 가까이 되었을 때였다. 결혼할 남자친구를 소개하겠다며 딸이 찾아온다는 연락이 왔다. 직원에게서 그 말을 전해 들은 은수 어르신은 설레는 마음이 가득했다. 아침부터 자꾸 거울을 들여다봤다.

사위가 될 딸의 남자친구는 듬직해 보였다. 예비 장모님 드린다며 귤 한 박스를 들고 왔다. 직원이 은수 어르신께 "든든한 사위가 생겨서 좋으시겠어요"라고 말을 건네자 은수 어르신은 아이처럼 환하게 웃었다.

직원이 차를 꺼내오는 동안 딸은 엄마가 사는 집을 구경했다.

"엄마~ 우리 집보다 더 좋아. 이제 엄마 걱정 안 해도 되겠다."

오랜만에 만나는 딸이 어색해서였을까. 은수 어르신은 말이 없었다. 딸과 남자친구를 바라보며 그저 웃기만 할 뿐이었다.

"엄마! 사위 잘생겼어? 어디 아픈 데는 없고?"

"어머님, 제가 선물을 하나 드리고 싶은데, 뭐가 갖고 싶으세요?"

은수 어르신은 망설이지 않고 "루주"라고 대답했다.

"다음에 뵐 때 꼭 제가 사 가지고 올게요."

엄마가 건강하게 잘 지내는 것 같아 마음이 놓인다는 딸은 직원에게 감사 인사를 하며 자리에서 일어섰다. 딸과 남자친구가 돌아가고 나서야 은수 어르신은 입을 열었다.

"사위가 더 이뻐."

은수 어르신은 흐뭇한 마음을 내비쳤다.

'그 말을 직접 해주셨으면 더 좋았을 텐데' 직원은 생각했다.

어색하고 서먹해도 한 발 먼저 엄마에게 다가오는 딸이 있어 참 다행이다 싶기도 했다.

그리고 한 달쯤 흘렀을까. 은수 어르신의 60번째 생일이 가까워졌을 때였다. 딸은 미리 마련해 둔 신혼집으로 은수 어르신을 초대했다. 이번에는 오빠와 남동생도 함께였다. 처음으로 자녀들은 엄마의 생일파티를 열었다. 예비 사위는 지난 만남에서 약속했던 '루주'를 건넸고 딸은 5월로 결혼 날짜가 잡혔다는 이야기를 전해주었다.

딸은 결혼 준비로 바쁜 와중에도 틈틈이 소식을 전해왔고, 그 사이 은수 어르신은 자녀들과 한층 더 가까워졌다. 딸의 결혼 준비를 하나하나 챙기지는 못했지만, 딸을 위해 목걸이와 반지를 준비했고 사위에게는 시계도 선물했다. 그렇게 엄마는 딸을, 딸은 엄마를 위하는 마음이 서로에게 전해지고 있었다.

그리고 봄, 딸은 세상에서 가장 아름다운 5월의 신부가 되었다. 은수 어르신은 딸의 드레스 입은 모습을 바라보며 '예쁜 내 딸'이라는 말을 되풀이했다. 사위를 보면서도 "예뻐, 예뻐"라며 흐뭇한 마음을 감추지 못했다. 가족들의 사정으로 비록 혼주석에 앉지는 못했지만, 은수 어르신은 누구보다도 딸의 결혼을 기뻐하고, 축하했다.

결혼식이 끝나고 얼마 지나 딸은 아이가 생긴 기쁨을 엄마와 나누기 위해 은수 어르신이 사는 아파트에 찾아왔다. 식탁에 앉아 이야기를 나누는 두 사람은 잡티 하나 없는 하얀 얼굴이 똑 닮아있었다.

"장모님 닮아서 피부가 이렇게 좋은 거였군요."

사위의 말에 은수 어르신이 웃었다.

딸은 아이를 가지고 보니 엄마 생각이 많이 나더라며 어릴 적 이야기를 꺼냈다. 아빠가 술을 마시고 때리려고 할 때 엄마가 이불 속에 삼 남매를 넣고 오롯이 홀로 맞았던 그 모습이 어렴풋이 기억난단다. 지적장애가 있는 엄마였지만, 엄마 나름의 방법으로 보여준 그 사랑이 가슴 깊이 남아있었다.

은수 어르신은 그 시절이 떠오르는지 미간을 찌푸렸다. 섬에 살았지만 그때의 아픈 기억 때문인지 생선은 입에도 대지 않는다.

서로를 향한 이해와 애틋함이 오갔고 딸은 아이를 낳으면 같이 오겠다는 약속을 하고 아파트를 나섰다. 딸의 얼굴을 조금이라도 더 보고 싶었던지 은수 어르신은 아파트 복도 끝에 있는 엘리베이터까지 배웅하겠다며 함께 나섰다. 딸은 은수 어르신의 느린 걸음에 맞춰 옆에 서서 천천히 걸었다. 두 사람의 모습은 떨어져 지낸 시간을 무색하게 하는 듯했다.

이제 매년 생일파티를 자녀들과 함께 할 수 있기를.
자녀들의 생일을 챙기고, 사위와 손자 손녀를 챙길 수 있기를.
지적장애가 있어도 다른 사람들과 다르지 않은 '엄마 노릇'하며 살아가기를.
동행빌리지 직원은 소망했다.

20년 만에 쓰는 편지

동행빌리지에 입주해 있는 장애인들은 명
절을 손꼽아 기다린다. 보고 싶은 가족을 만나러 갈 수 있
기 때문이다. 평소에도 자주 귀가할 수 있도록 가족들에
게 요청하지만, 대부분은 사정이 있어 쉽지 않다.

입주할 때는 가족들이 주말마다, 기념일마다, 명절마다 집에 모시고 가겠다 약속하지만 많은 가족들이 그 약속을 지키지 못한다. 연락을 피하는 경우마저 있다. 그럴 땐 야속한 마음이 드는 것도 사실이다.

그럴수록 직원들은 더욱 노력한다. 가족들과 소원해지지 않도록 일상의 소소함을 자주 전하고 '가족 노릇' 해주십사 부탁한다. 입주자들이 아들, 딸, 엄마, 삼촌, 동생 노릇 할 수 있도록 돕는다.

손꼽아 기다려 온 명절이건만, 코로나19의 확산으로 귀가가 여의치 않다. 집단 생활시설로 분류되는 장애인 거주 시설 특성상 외출, 외박, 면회 등이 금지되고 있기 때문이다.

나동 맏형 승재 아저씨는 1988년, 20대 초반에 동백원에 입소해 30여 년을 살았다. 뇌병변 장애로 어눌한 말씨에 불편한 걸음걸이지만 일상생활에는 별 지장이 없다.

하지만 어렸을 때, 장애가 심하다고 생각한 부모님은 승재 아저씨를 학교에 보내지 않았다. 글은 동생에게 배워 읽고 쓸 줄 알았다. 그래도 살면서 글씨를 쓸 일은 많지 않았다.

동백원에서는 어렸을 때부터 좋아하던 바둑을 배웠다. 같이 동백원에서 생활하던 바둑 잘 두는 선배에게 배우고 자원봉사자들이 오면 항상 바둑을 두었다. '아마 6단'에 이르렀지만 같이 둬주는 사람은 그리 많지 않다. 승재 아저씨는 워낙 생각을 오래 하는 타입이라 상대 대국자 대부분이 승재 아저씨를 기다리지 못하고 제풀에 지쳐 항복하곤 한다. 인터넷으로도 바둑을 두고 싶지만 몇 수 두지 않아 상대들이 다 나가 버린다. 그래도 즐겁고 좋은 바둑이다.

부모님이 돌아가신 뒤로 광양에 있는 동생과 함께 부산의 형님댁으로 가 명절을 지내곤 했다. 올해는 코로나로 인해 부산에 가지 못하니 형님에게 편지를 써 보는 것이 어떤지 직원이 물었다.

"편지?"

어리둥절한 표정이다. 그도 그럴 것이 편지를 써 본 경험이 없었다. 며칠을 생각한 끝에 먼저 편지지를 사러 가기로 했다. 말로는 어색하다, 못하겠다 하면서도 문구점으로 향하는 발걸음이 가볍다. 얼굴엔 옅게 미소도 띈 것 같다.

집으로 돌아와 식탁에 앉아 볼펜과 편지지를 두고 한참을 가만히 앉아 있었다.

"편지를 쓰려니까 부끄럽네."

쑥스럽고, 무슨 말을 써야 할지 모르겠다 하시더니 이내 볼펜을 집어 들었다. 불편한 손가락 사이로 볼펜이 자꾸 미끄러져 한 글자 쓰고 바로잡고, 한 글자 쓰고 다시 잡아야 했다. 그래도 정성을 담아 꾹꾹 눌러썼다.

그리운 형제들에게.

나는 잘 있다.

이번 추석에는 못 간다.

추석 잘 보내라.

짧은 글이지만 편지지 한 장을 거의 채웠다. 그렇게 쓰고 가족 생각이 나는지 한동안 말없이 편지만 바라봤다. 다음 날, 가족들에게 보낼 승재 아저씨의 최근 사진까지 인화하여 우체국을 찾았다.

언어장애가 있는 승재 아저씨는 평소 필요한 말만 느리게 말하는데, 우체국 가는 동안은 쉬지 않고 말해 얼마나 들떠있는지 알 수 있었다.

"태어나서 처음 쓰는 편지야."
"형한테 진짜 가는 거냐."
"정말 보낼 줄은 몰랐어."

우체국에 들어서서 번호표를 뽑는 기계를 마주했다. 예금 창구와 우편물 창구가 나뉘어서 번호표를 뽑게 되어 있다고 설명 드리니 우편물 창구 번호표를 능숙하게 뽑고 의자에 앉았다.

띵동~ 차례가 되어 편지를 들고 우체국 직원 앞에 섰다.
"어떤 업무 도와드릴까요?"

"편지 보낼 겁니다."

편지 봉투를 건네고 기다리니 우체국 직원이 처리되었다며 3일 정도 걸린다고 한다.

집으로 돌아오는 길, 편지를 써보자 제안했던 직원을 보며 이렇게 말한다.

"아줌마, 고마워."

"저도 고마워요. 승재 할아버지."

하하하하. 배를 잡고 한참을 웃는다.

"장난이야 장난. 내가 기분이 좋아서."

집에 도착해 차에서 내리면서 다시 한 마디 한다.

"아줌마, 잘 가~."

결혼도 안 한 꽃다운 20대의 직원은 조금 억울하지만, 승재 아저씨의 기분 좋은 표현이라 생각하니 마음이 뿌듯해진다.

그렇게 동행빌리지의 직원들은 세상과의 다리를 놓기 위해 끊임없이 고민하고 있다.

우리 아들 이름은
성은이에요

은지 씨가 방 청소를 하다 말고 한참을 화장
대 앞에 서 있다. 화장대 위에 액자가 몇 개 보인다. 가장
큰 액자에는 귀여운 남자아이가 활짝 웃고 있다. 첫돌 기
념사진 같다. 그 옆에는 행복한 미소를 지은 채 아이를 안

고 있는 은지 씨가 보인다.

사진 속 은지 씨는 풋풋한 나이지만 사랑 가득한 눈으로 아이를 보고 있는 여느 젊은 엄마와 같았다. 행복한 모습의 사진을 보니 직원의 입가에 미소가 번졌다. 은지 씨가 고개를 돌려 직원을 쳐다본다.

"선생님, 성은이에요. 예쁘죠?"

"네, 예뻐요."

"지금 삼혜원에 살고 있어요. 나중에 우리 성은이랑 살 거예요."

"그럼 정말 좋겠네요."

직원도 딸을 키우기에 은지 씨의 마음이 고스란히 전해졌다.

은지 씨는 불룩한 배를 하고 동백원에 입소 체험을 하러 왔다. 지적장애가 있는 은지 씨는 지적장애인인 어머니, 이복오빠와 함께 생활하다 이복오빠의 성폭행으로 임신을 하게 되었다. 아이가 생겼다는 게 어떤 의미인지 몰랐던 은지 씨에겐 주위의 돌봄이 필요했지만, 의지할 사람도 없었다.

여수시 희망복지 지원팀의 긴급 지원 대상자로 의뢰되어 동백원에 오게 되고서야 사회의 보호를 받을 수 있게 됐다. 공무원을 따라 동백원을 찾은 은지 씨는 또래 아이처럼 앳된 얼굴에 꽁지머리를 하고 있었지만 배는 남산만 했다. 불룩하게 솟은 배를 수시로 매만졌다. 장애를 가지고 살아온 날보다 장애를 지닌 엄마가 되어야 하는 현실이, 불러온 배만큼이나 무겁게 보였다.

아이를 낳을 때쯤 미혼모 쉼터로 이동하였고, 출산 후 몸을 추스린 뒤 다시 동백원으로 돌아와 생활했다. 장애를 가지고 태어난 아들 성은이는 동백원과 같은 법인에서 운영하는 아동 양육 시설 삼혜원에 맡겨졌다.

은지 씨는 동백원 생활에 쉽게 적응하지 못했다. 이름을 말하는 것 외에는 '몰라요'만 되풀이했다. 성폭행의 상처로 외상 후 스트레스 증후군이 생겼을까? 나이를 물어도 모른다고 했다. 세상에 믿을 사람이 없다고 생각을 하는 것인지, 귀찮아서 그러는 것인지, 아니면 진짜로 나이를 모르는 것인지 그녀의 닫힌 입은 쉽게 열리지 않았다.

대신 유일하게 재미있어하고 즐겨 하는 행동이 있었는데, 그것은 사람 등 뒤로 가서 찌르거나 꼬집는 행동을 기습적으로 하는 것이었다. 나쁜 행동이라고 알려주면 '좋아서 그랬다'고 조그맣게 말하곤 했다. 다른 장애인을 밀치기도 하고, 소리 지르는 날도 많았다. 사람을 피하고 어울리지 않았다. 아마 살아온 삶 때문이었을 것이다.

사정을 잘 아는 동백원 직원들은 은지 씨를 보듬어 주었고, 사랑을 느끼게 해주려고 노력했다. 그런 노력 덕분인지 서서히 사람에게 마음을 열었고 웃음을 찾아갔다.

더뎠지만 조금씩 생활에 적응해나갔고 '안다미로'라는 재활용 가게에서 일을 하며 월급도 받게 됐다.

"성은이(한테) 언제 가지?"

아들이 보고 싶다는 은지 씨만의 표현이다. 평소 먼저 말을 꺼내는 일이 드문데 갑자기 아들 생각이 났나 보다. 성은이가 지내는 삼혜원은 차로 30분 거리에 있다. 한 달에 한 번씩 은지 씨는 아들을 만나러 삼혜원에 간다.

처음에는 아들을 만나도 어찌해야 할지 몰라 그냥 얼굴만 보고 돌아왔다. 성은이가 침을 흘리면 더럽다고 밀치기도 했다. 직원이 성은이에게 줄 선물을 사가자고 해도 대답이 없었다.

그래도 직원은 묵묵히 동행했다. 이런 시간들이 쌓여 점점 '엄마'가 되어 갈 것이라 생각했기 때문이다.

동백원에서 동행빌리지로 이사하고 처음으로 성은이를 만나러 가던 날이었다. 그 사이 성은이도 부쩍 자라 6살이 되었다. 발달이 느리고 장애가 있어 네 살까지 걷지 못했지만 이젠 제법 잘 걷는다. 엄마도 알아본다. 엄마를 만나면 환하게 웃고 헤어질 시간이 되면 운다.

언제부턴가 은지 씨도 성은이를 만나러 가는 날이면 빈손으로 가지 않는다. 마트에 들러 성은이가 좋아하는 장난감도 사고 예쁜 옷도 산다. 아들이 기뻐할 모습을 보고 싶다며, 고심해서 이것저것 고르는 모습이 영락없는 엄마다.

안다미로에서 월급을 받는 날이면 하루 종일 성은이

맛있는 거 사줄 생각뿐이다. 얼마 전에는 성은이가 김밥을 좋아한다는 이야기에 직원과 함께 김밥을 싸 삼혜원을 찾아가기도 했다.

몇 년 전 직원이 성은이 기저귀를 사서 보내주자고 했을 때 딱 잘라 거절한 것이 엊그제 같은데 그동안 성은이도 자라고, 은지 씨도 자랐다.

당장은 은지 씨가 언제쯤 성은이와 같은 집에 살 수 있을지 장담할 수 없다. 또 아들이 커가는 동안 얼마만큼 엄마 역할을 해줄 수 있을지도 모른다. 하지만 은지 씨도 성은이도 옆에서 함께 걸어줄 사람들이 있으니 지금처럼 행복한 엄마와 아들이 되었으면 한다.

시설의 역할은 이런 것이다. 단지 장애인들이 먹고 자는 것을 해결하는 곳이 아닌, 장애인과 그 가족의 꿈과 행복을 함께 지켜주는 곳.

그곳이 동행빌리지다.

받기만 하는 사람
아니에요

　　설이나 추석이면 장애인 시설에는 쌀이나
과일 같은 위문품이 들어온다. 관공서에서 보내주기도 하
고 뜻이 있는 후원자가 선물하는 경우도 있다. 그렇게 '받
는 선물'이 익숙한 명절이다.

동백원에서 동행빌리지로 이사 온 지 얼마 되지 않아 이번 추석은 조용할 것 같았는데, 감사하게도 관할 파출소에서 쌀과 과일을 들고 방문을 해주었다.

가동 212호 입주자분들은 어색하게 인사를 건네면서도 경찰관분들이 주시는 선물을 너무나 당연하고도 자연스럽게 받았다. 다행히 감사합니다, 하며 꾸벅하고 고개를 숙이는 인사는 빼놓지 않았다.

지역사회의 당당한 구성원으로 살기를 꿈꾸면서 '받는 것이 익숙한' 사람들이 되기를 바라지는 않았다. 이렇게 우리를 찾아와 주시는 분들에게 감사한 마음을 전하는 것은 물론이고, 우리 역시 아파트에서 생활을 하며 맺은 인연들에게 고마움을 표현해보면 어떨까 하는 생각이 들었다.

"우리 명절을 맞이해서 고마운 분들에게 선물을 해보면 어떨까요?"

명절을 앞두고 열린 입주자 회의에서 직원이 제안했다.

범수 씨가 가장 크게 좋아요!를 외쳤다. 범수 씨는 요즘 아침마다 출근길에 장애인 콜택시를 기다리며 경비 아저씨와 많이 친해진 터였다. 언제부턴가 차를 기다리는 장소가 경비 아저씨가 아침에 교통정리를 하는 자리로 바뀌었다. 아마 친절하고 말도 잘 들어주는 경비 아저씨와 이야기를 나누고 싶어서인 것 같다.

"미미미미용실 있잖아요~."
"미용실 원장님께도 선물을 드리고 싶으세요?"
"반찬! 반찬 가게!"
어느덧 단골이 된 미용실 원장님도 생각나고, 반찬 가게에 갈 때마다 조금이라도 더 담아주시려는 사장님도 생각이 났나 보다. 저마다 나름의 방식으로 선물하고 싶은 곳을 이야기했다.

"그럼 무엇을 드리면 좋을지도 한번 의논해 보기로 해요."
직원의 말에 침묵의 시간이 길어졌다. 명절에 선물을

해 본 경험이 많이 없었던 탓이다. 직원은 최대한 침묵의 시간을 견뎌보기로 했다.

"우리가 부담 가지 않는 선에서 선물을 사면 좋을 것 같아요."

한 마디 거들었다.

그때 입주자 자치회의 대표를 맡고 있는 영진 씨가 입을 열었다.

"양말...?"

범수 씨가 찬성의 의미로 박수를 쳤다. 각자 부담가지 않는 선에서 돈을 걷기로 했다. 결정된 금액은 3천 원이었다. 모두가 함께 사러 갈 수는 없어 시간이 되는 사람들끼리 다녀오기로 했다. 남자분들 드릴 선물로는 양말을, 여자분들 드릴 선물로는 손수건을 골라 샀다.

추석을 며칠 앞두고 곱게 포장된 선물을 들고 경비실을 찾았다. 경비 아저씨는 손사래를 치며 무슨 이런 선물을 다 주느냐고 했지만, 얼굴엔 웃음꽃이 피어있었다. 선물을 건네는 범수 씨의 얼굴도 더없이 행복해 보였다. '주는 기쁨'을 알아버린 것이다.

"아저씨 고마워요."

미용실은 기태 씨와 민현 어르신이 찾았다.

"아유~ 내가 선물을 줘야 하는데, 이렇게 받아서 어쩐대?"

기태 씨는 특유의 무뚝뚝한 표정으로 선물을 얼른 받으시라며 건넸고, 민현 어르신은 그저 즐거운 듯 연신 웃고 있었다. 동행한 직원이 거들었다.

"항상 밝은 얼굴로 맞이해주시고, 제가 아니라 입주자분들에게 직접 의견을 하나하나 물어보고 머리해 주셔서 얼마나 감사한지 몰라요. 그 마음을 전하고 싶어서 왔어요."

그렇게 반찬 가게를, 부동산 사무실을 돌았다.

집으로 돌아오는 길, 입주자들의 얼굴에는 뿌듯함과 자신감이 가득했다. 받기만 하는 사람이 아니라, '주고받을 수 있는' 사람이라는 것을 처음으로 경험한 것이다.

그 후 명절이 되면 직원이 말하지 않아도 동행빌리지 입주자들이 먼저 경비 아저씨를 챙기고, 아파트 상가의 사장님들을 챙기고, 이웃을 챙기게 되었다. 입주자 자치회의를 통해 선물로 무엇을 하면 좋을지 의논하고, 전달도 직접 한다. 동행빌리지에서 두 번째로 맞는 추석에는 자치회비에서 오천 원씩 부담해 아랫집에 비타500을 선물했다.

이렇게 점점 어엿한 아파트 주민이 되어가고 있다.

슬기로운 도서관 생활

    올해 여름은 유난히 더운 날이 많은 것 같
다. 그러고 보니 한솔 씨가 아파트로 이사 온 날도 딱 1년
전, 오늘처럼 따가운 햇볕이 내리쬐는 여름이었다.

    2012년, 11살 어린 나이에 거동이 불편한 할머니의 손을 잡고 동백원에 입소하면서 사회복지법인 동행과 연을 맺은 한솔 씨는 왠지 모르게 정이 가는 아이였다. 어머니가 장애가 있어 할머니와 살고 있다는 집안 사정을 듣고 난 후에는 무표정한 얼굴에 밝은 미소를 심어 주고 싶었다.

한솔 씨의 생활을 도왔던 직원은 평생을 함께 지낸 할머니와 한솔 씨가 자주 만날 수 있도록 틈틈이 한솔 씨를 데리고 화순 할머니 댁에 갔다. 동백원에 살더라도 할머니의 사랑을 잊지 않기를 바라는 마음이었다. 그러다 보니 자연스럽게 할머니도 직원에게 의지하게 되었고 한솔 씨가 건강하게 지낼 수 있도록 잘 보살펴 달라며 몇 번이고 부탁했다. 그리고 2020년 7월, 한솔 씨 할머니의 동의를 얻어 한솔 씨와 직원은 함께 동행빌리지에서 아파트 생활을 시작하게 되었다.

한솔 씨와 함께 아파트로 이사하던 날, 가장 먼저 눈에 들어온 것은 아파트 단지 내에 있는 작은 도서관이었다. 다동 1층에 자리 잡은 작은 도서관은 아파트 주민이면 누구나 자유롭게 출입할 수 있고, 앉아서 책을 읽을 수도 있다. 4명 정도가 앉을 수 있는 책상이 4개 있는 작은 규모지만 벽면으로 둘린 책장에 제법 많은 책이 꽂혀있다. 저녁 6시까지만 운영을 하다 보니 평소에는 이용하는 사람이 많지 않지만, 방학이면 학생들에게 인기가 많은 곳이다.

도서관 앞에는 인조 잔디가 깔린 운동장도 있다. 운동장 한편에는 운동기구가 설치되어 있고 축구 골대도 하나 있다. 책도 읽고 운동도 하라는 의미에서 그곳에 자리를 잡은 듯했다. 도서관은 발달장애인과 상관없는 곳이라고 생각할 수 있겠지만, 자신의 발로 자유롭게 세상을 구경하기 힘든 장애인들에게 도서관은 세상의 모습을 볼 수 있는 망원경 같은 것일지 모른다.

한솔 씨는 발달장애와 언어장애를 가지고 있고 글을 쓸 줄도 읽을 줄도 모른다. 무엇을 물어도 "캬햐~"라고 답하니 5년 넘게 함께 지낸 직원도 의사소통이 되지 않아 어려움이 많다. 언제나 손에 책을 들고 다니니 '책을 정말 좋아하는구나' 하고 짐작만 할 뿐이다.

한솔 씨는 동백원에서 생활할 때부터 손에 항상 책을 들고 다녔다. 밥을 먹을 때도, 산책할 때도, 심지어는 잠을 잘 때도 손에서 책을 놓지 않았다. 밥이라도 편하게 먹으라고 책을 달라고 하면 몸부림을 치며 뒤로 드러누워 소리를 질렀다. 강도라도 만난 것처럼 소리 지르는 모습에 직원은 난감했던 적이 한두 번이 아니었다.

아이러니하게도 책을 좋아하는 한솔 씨는 들고 다니는 책을 찢는 버릇도 있었다. 동화책을 찢고, 잡지도 찢고, 백과사전도 찢었다. 책을 다 찢고 나면 들고 다닐 책을 찾아 동백원 구석구석을 뒤졌다. 책 없이는 단 하루도 못 사는 한솔 씨에게 작은 도서관이 있는 다동은 더없이 좋은 집이다.

처음 한솔 씨의 손을 잡고 작은 도서관을 찾은 날이었다. 안에서 뛰거나 소리 지르면 안 되고, 책을 찢어서도 안 된다고 몇 번을 반복해서 말한 뒤 조심스럽게 안으로 들어갔다. 도서관에는 초등학생 여자아이 두 명이 나란히 앉아 책을 보고 있었고 책을 빌리러 온 사람도 몇 있었다. 책을 한 권 집어 자리에 앉는 것까지는 좋았다. 도서관에 오기 전 했던 교육이 효과가 있는 것 같았다.

하지만 책을 보다 기분이 좋아진 한솔 씨는 직원의 당부도 잊고 "캬햐~"라고 말하며 자리에서 일어나 학생들에게 다가가 악수를 청했다. 기분이 좋으면 나타나는 한솔 씨의 버릇 같은 행동이다. 직원이 재빨리 한솔 씨의 손을 잡고 조용히 해야 한다고 말했지만 이미 모두의 주목을 받은 뒤였다.

책을 보고 있던 학생들은 자신들에게 손을 내미는 한솔 씨를 당황한 듯 쳐다보았다. 짧은 머리에 마른 체형, 입술을 모아 앞으로 내밀며 인중에 내 천(川)자를 그리는 한솔 씨는 누가 봐도 장애인임을 한눈에 알아차린다.

당황해서인지, 자리를 피하고 싶어서인지 모르겠지만 학생들은 자리에서 일어나 도서관 밖으로 나가버렸고, 무안해진 직원은 한솔 씨를 데리고 조용히 도서관을 나섰다.

도서관을 나와 잠시 숨을 고르는 사이 관리인 아주머

니가 따라 나왔다. 장애인이 작은 도서관을 이용하는 것이 처음이라며 이것저것 물었다. 동백원에서 일하는 지인이 있는데 장애인들이 아파트로 이사 간다는 말을 전해 들어 우리를 알고 있다며 자주 놀러 오라고 했다.

그런 일이 있었는데도 자주 놀러 오라고 말해주니 염치가 없기도 하고 고맙기도 했다. 다음 날 한솔 씨는 어제 일은 새까맣게 잊은 듯 도서관을 가자며 직원을 졸랐다. 엉덩이에 뿔이라도 난 것처럼 가만히 있지를 못했다. 그다음 날도 그리고 그다음 날도 직원의 손을 잡고 도서관에 가자고 했다.

도서관 안에 책을 읽고 있는 사람이 있는 날에는 멀찌감치 자리를 잡고 앉았고 다른 사람에게 피해를 줄까 봐 직원은 한솔 씨 옆에 꼭 붙어 있었다. 책을 다 읽고 집으로 돌아오면 도서관에서 지켜야 할 예의를 매일 가르쳤다.

책을 보다 소리를 지르는 것을 고쳐야 했고, 뛰어다니거나 다른 사람을 만지면 안 된다는 것을 알려줘야 했다. 의사소통이 되지 않다 보니 동영상을 찾아 반복해서 보여

줬고 몸짓 발짓을 동원해 설명했다. 알려주고 또 알려줬지만 한솔 씨는 "캬햐~" 하며 손을 흔들 뿐이었다. 그나마 동백원에서처럼 책을 찢지는 않는다는 게 직원에게 위안이 되었다.

그렇게 서너 달이 지나자 작은 도서관 안에서 기분 좋은 변화가 시작됐다. 한솔 씨가 도서관 이용에 익숙해져 가기 시작했고, 도서관을 이용하는 주민들도 한솔 씨에게 익숙해져 가는 듯 보였다. 그 덕분에 한솔 씨를 바라보는 낯선 시선도 줄었고, 직원이 가슴 졸이며 눈치 보는 일도 줄었다. 가끔 조용한 도서관 안에 "캬햐~" 하는 한솔 씨의 웃음소리가 들렸지만 다른 사람이 방해받을 정도는 아니었고, 한솔 씨가 책을 보고 있어도 초등학생 아이들은 도서관을 나가지 않았다.

어느덧 한솔 씨가 작은 도서관을 다닌 지 1년이 넘었다. 오늘도 한솔 씨는 직원의 손을 잡고 작은 도서관으로 향했다. 1년이 넘었으니 지겨울 만도 한데 여전히 작은 도서관은 한솔 씨가 가장 좋아하는 곳이다. 작은 도서관 문을 열고 들어가자 관리인 아주머니가 웃는 얼굴로 인사를 건넨다. 누구나 하는 평범한 인사가 오가지만 언제 들어도 힘이 된다.

운동화를 벗고 책장으로 향한 한솔 씨는 책을 한 권 집어 책장과 가장 가까운 자리에 앉았다. 책을 자주 바꿔보다 보니 자연스럽게 그 자리는 한솔 씨의 지정석이 되었다. 책을 보는 내내 무엇이 그렇게 즐거운지 기분 좋게 미소 짓고 손을 흔들며 좋아한다. 옆에서 함께 책을 보고 있던 직원도 그 모습에 절로 얼굴에 미소가 번진다.

한솔 씨가 책을 보는 동안 책을 빌리러 오고 가는 아이 엄마도, 책상에 앉아 공부하는 학생도, 각자의 일에 집중할 뿐 누구도 한솔 씨에게 큰 관심을 보이지 않는다. 한솔 씨가 도서관에서 책을 보는 모습은 이제 너무나 자연스러운 풍경이 되었다. 장애인이 도서관에 앉아서 책을 보고 있다고 해서 누구도 낯선 그림을 보는 듯 한솔 씨를 쳐다보지 않는다.

얼마 전 한솔 씨는 직원의 차를 타고 할머니 댁에 다녀왔다. 이제는 구순이 넘으신 할머니는 여전히 손자를 따뜻하게 안아주셨고 언제나처럼 요구르트에 빨대를 꽂아 한솔 씨의 손에 쥐여 주셨다.

한솔 씨가 도서관에서 책을 보는 것을 가장 좋아한다고 전해드렸더니 어려서부터 책을 들고 살았다고 맞장구를 쳐주셨다. 한솔 씨가 조용히 앉아 책을 보고 도서관에 오는 사람들도 한솔 씨를 이상하게 보지 않는다는 이야기에는 손뼉을 치며 좋아하셨다. 반가운 만남을 마치고 아파트로 돌아오는 차 안, 꾸벅꾸벅 조는 한솔 씨 손에는 여전히 책이 들려있다.

한솔 씨가 가장 좋아하는 작은 도서관. 그곳에서 일어나고 있는 작은 변화는 한솔 씨만의 이야기가 아니길 바란다. 내년이면 특수학교를 졸업하는 세진이가, 직장을 구하고 있는 현찬 씨와 은지 씨가 그리고 평범한 삶을 꿈꾸며 이곳 아파트로 이사 나온 동행빌리지 모든 입주자가 세상에 스며드는 이야기로 장식되기를.

여기는 내 집이니까

　　어느덧 아파트에 산지도 1년, 반가운 변화
들이 시작되고 있다. 입주자들이 언제부터인지 아침이면
청소기를 들고 방 청소를 한다. 식사를 마치면 사용했던
그릇도 치운다. 혼자서 집 앞 마트에 가서 사고 싶은 것도

사고, 서로를 돕는다.

평범한 일상이지만 활력이 넘치는 모습이다. 변화가 더뎌 아주 조금씩 변화를 보이는 입주자가 있는가 하면 '원래 이런 사람이었나?' 하는 생각이 들 만큼 확연하게 바뀐 입주자도 있다.

진헌 씨는 뇌병변 장애로 걷는 것이 불편해 거의 휠체어에 앉아 생활하며 말로는 어렵게 의사소통이 되는 장애인이다. 16살에 동백원에 입소했을 당시에는 부자연스럽기는 해도 혼자서 동백원 안을 걸어 다녔다. 얼굴에는 경직이 있고 목을 움직이는 것이 불편했지만 줄곧 인상을 쓰며 본인만의 노래를 부르기도 했다.

언젠가는 동백원을 나가 혼자 살고 싶다는 생각을 해서인지 직업을 가지고 싶어 했다. 동백원과 같은 부지에 있는 장애인 직업 재활 시설 송정인더스트리에서 4년 동안 상자 접는 일을 했다. 동백원에서 진행하는 자립 프로그램에도 적극적으로 참여해 3년 동안 자립기술훈련도 받았다. 2000년대 초반, 아파트에서 진행하는 체험홈 프로그램에도 참여했다. 아마도 이때 아파트 생활을 하면서 더욱 자립에 대한 꿈을 키웠으리라. 그러나 워낙 말수가 적고, 표현을 잘 하지 않는 성격이라 다들 진헌 씨의 생각과 성격은 잘 몰랐다.

특히 진헌 씨는 신앙심이 깊은 편이다. 동백원에는 대부분 중증 장애인들이 살고 있어 교회로 직접 가는 것이 많이 힘들다. 그래서 교회 목사님이 동백원을 방문해 일주일에 2번씩 예배를 드린다.

하지만 진헌 씨는 동백원 안에서 예배를 드리지 않고, 항상 동백원 근처 마을에 있는 관기교회를 혼자 다녔다. 매주 일요일과 수요일이면 교회를 갔다. 비록 추리닝 바지를 입었지만 성경과 찬양이 함께 수록되어 있는 책한 권을 옆구리에 끼고 관기교회 차를 기다렸다. 예배가 끝나면 관기교회 차를 타고 동백원으로 돌아오기도 하고, 차량 운행이 되지 않으면 혼자서 시간이 많이 걸리더라도 찬양을 부르며 동백원으로 걸어왔다.

진헌 씨는 좋은 직장에 취업을 하겠다는 꿈을 가지고 직업 훈련 학교에 진학도 했었다. 직업 훈련 학교를 다니면서 목 부위의 통증이 더욱 심해졌다. 몸이 많이 경직되어 있는 데다 목은 특히나 옆으로 기우뚱하게 경직이 되어 있어 통증이 점점 더 심해진 것이다.

　시간이 날 때마다 물리치료실에서 통증 치료와 전기 치료도 받아봤지만 그다지 효과가 없었다. 진헌 씨의 목 통증은 점점 더 심해졌고, 결국 치료를 받으면서 약을 먹어도 계속되는 통증에 아무것도 할 수 없고 힘만 들었다. 병원에서도 통증이 지속되니 수술을 해야 한다고 했다. 진헌 씨는 어쩔 수 없이 수술을 받았다.

　진헌 씨는 수술을 받고 나서 걷는 재활훈련을 해야 하는데 너무나 힘이 들었다. 걷는 것이 잘 되지 않으면서 꿈 많고 열정적이던 진헌 씨는 무기력해져 버렸다. 걷고 싶은 마음이 커서 워커(보행보조기구)를 사용해 재활훈련을 계속했지만 결국 휠체어를 타게 되었다.

걷지 못하게 되자 일에 대한 의욕도 잃게 되었고, 유일한 낙으로 하루 종일 드라마만 보며 시간을 보냈다. 방 청소와 세탁기 돌리는 것조차 하지 않았다.

그랬던 진헌 씨가 동행빌리지 입주 후에 다른 사람처럼 변했다. 홈에서의 별명이 '귀여운 시어머니'다.

"범수가 아침에 비타민 안 먹었어!"

"경민 아저씨 잠옷 빨아야 해!"

출근한 직원을 보자 진헌 씨는 하고 싶었던 말을 쏟아낸다. 진헌 씨의 잔소리는 직원과 입주자를 가리지 않는다. 아파트로 나온 후부터 뭐든 열심히 하려고 해 잔소리하는 모습까지 보기 좋다.

아침 청소 시간이면 휠체어에서 일어나 바닥을 닦고 식사 시간이면 입주자들과 함께 그릇과 수저를 챙긴다. 그 전에는 상상도 못할 일들을 이제는 매일 하고 있다. 진헌 씨에게 직원이 왜 이렇게 열심히 하냐고 물었더니 생각도 못했던 대답을 했다.

"내 집이니까."

같이 사는 입주자들을 알뜰히 챙기는 것도 내 집에 함께 사는 식구라고 생각해서였던 것이다.

진헌 씨를 보면 환경에 따라 사람이 얼마나 바뀔 수 있는지 실감하게 된다. 경추 수술 후 의욕 없이 휠체어에만 앉아 있던 진헌 씨는 모든 것이 바뀌었다. 아파트로 이사 온 후 내 집이니까 깨끗해야 한다고 생각하는 것, 내 가족이니까 잘 먹고 건강하게 지내면서 행복해야 한다는 긍정적이고 적극적인 생각을 하는 것이다.

"내 집이니까."

직원의 머릿속을 계속 맴도는 말이었다. 동행빌리지에서 사는 입주자들은 장애의 정도가 심하다. 시설 밖에서는 '자립(독립하여 혼자 사는 것)'을 쉽게 이야기 하지만 현실적으로 자립이 어렵고, 두려운 사람이 더 많다. 그런 이들에게는 동행빌리지처럼 지역사회 한 가운데에 위치한 아파트라는 공동주택에서, 내 방을 갖고, 마음이 맞는 룸메이트들과 함께 내 삶의 주인이 되어 원하는 대로 살아가는 것도 상대적으로 성공적인 '자립'이고 '행복한 삶' 아닐까. 그리고, 이는 '탈시설'이라는 담론에 훌륭한 대안이 될 수 있지 않을까.

진헌 씨가 그것을 몸소 증명해주고 있었다.

에필로그

    최근 몇 년간 장애인 거주 시설의 화두는 '탈시설'이
다. 시설은 감옥이며 몇 년 내에 폐쇄해야 할 곳이라고 외
치는 사람들에게 한 발달장애인 부모는 이렇게 말했다.
아이를 시설에 맡겨두고 생계를 위해 일하러 갈 수밖에
없는 그 죄책감을 아느냐고. 발달장애를 가진 아이와 하
루라도 같이 살아보았냐고.

    JTBC 뉴스룸[5]에서는 보건복지부의 탈시설 로드맵이
발표되기 전날, 발달장애인 부모들이 탈시설을 반대하는
내용을 다뤘다. 특수학교 졸업 후 갈 곳이 없는 발달장애
인 자녀를 데리고 6년간 집에만 있는 부모, 70대의 노모
가 장애가 있는 40대의 아들과 함께 사는 집. 이 두 가정

---

5 2021.8.1. 뉴스룸 - 발달장애인 부모들 "탈시설은 사형선고"

모두 자녀에겐 24시간 돌봄이 필요했다. 이들 부모의 가장 큰 걱정은 '내가 죽고 나면 이 아이를 누가 돌봐줄 수 있을까' 하는 것이었다.

이렇게 부모가 세상을 떠나고 나면 홀로 남겨진 발달장애인이 과연 자신의 욕구대로 살아갈 수 있을까. 24시간 돌봄이 필요한 경우 그 돌봄의 손길은 어디로부터 올 것인가. 현재 장애인 활동보조 서비스는 제공되는 시간이 절대적으로 부족하다. 게다가 활동보조 서비스를 받는 장애인 1인에게 들어가는 예산은 시설을 이용하고 있는 장애인의 몇 배에 이른다. 그런데 활동보조 서비스는 사회복지사가 아니어도 할 수 있고, 시설은 사회복지사가 서비스를 제공한다. 어떤 서비스가 더 전문적일 것인가.

현재 보건복지부 장애인 거주 시설 인력 기준에 따르면 입주자의 삶을 돕는 생활지도원은 중증 장애인 4.7명당 2명이 지원된다. 24시간 교대 인력임을 감안하면 1명이 한 번에 9명이 넘는 중증 장애인을 케어해야 한다는 말이다. 이 숫자에는 직원이 쉴 수 있는 날도 없다.

그나마 2021년 7월부터 적용된 주 52시간제 덕분에 지원되는 인력의 수가 조금 늘어났다. 하지만 이러한 인력 기준은 시설의 형태, 중증 장애의 정도, 중복 장애 여부 등 많은 부분이 고려되지 않은 문제가 있다. 그저 시설의 장애인 인원이 30인이냐, 아니냐에 따라서 지원되는 인력의 수가 달라진다. 획일화된 기준이 전국의 모든 장애인 시설에 적용되고 있다.

무엇보다 가장 큰 의문은 왜 중증 장애인의 기준 인원이 4.7명일까 하는 것이다. 사람은 4명 아니면 5명이지, 4.7명이 존재할 수 없는데 말이다. 장애인의 인권은 여기서부터 논해야 하는 것 아닐까?

동백원과 동행빌리지는 같은 장애인 거주 시설이고, 대부분의 입주자들이 중증이기 때문에 인력 기준에 있어서 같은 지침을 적용 받는다. 하지만 식당, 치료실, 세탁실 등이 모두 따로 있는 동백원과 달리 동행빌리지는 식당도, 치료실도, 세탁실도 없다. 인력 지원 기준에 있는 영양

사, 조리원, 위생원, 물리치료사, 언어치료사, 작업치료사 등의 직종이 지원되지 않는다.[6]

대신 그러한 일들은 고스란히 사회복지사의 몫이 된다. 동행빌리지에서 일하는 직원들은 기존 형태의 시설에서는 하지 않아도 되었던 일을 훨씬 많이 한다. 밥도 차려야 하고, 먹은 것을 치우고 설거지를 해야 하고, 가끔은 조리도 해야 한다.

세제를 안 넣고 세탁기를 돌리거나, 세제를 너무 많이 넣고 돌리거나, 세탁기를 돌린 줄 모르고 또 돌리거나 하는 입주자를 도우며 빨래를 하고, 빨래를 널고, 빨래를 개야 한다. 장애로 인해 목이 아프고, 어깨가 아프고, 허리가 아픈 입주자를 도와 병원에 물리치료를 받으러 가거나 집에서 안마기를 이용할 수 있게 도와야 한다.

그러면 누군가는 이렇게 말할 것이다.

---

6 보건복지부 사업안내 지침에는 관할 지자체의 승인을 받아 직종 전환을 할 수 있도록 가능성을 열어두고 있지만, 기존 사례가 없는 경우 지자체는 승인을 꺼린다.

"그러게, 누가 아파트에서 살라고 했어요?"[7]

앞으로 어떻게 장애인이 이 사회에서 잘 살아갈 수 있을지를 고민하려면 우선 장애인에게 선택지가 많아져야 한다.[8]

시설의 형태도 다양해야 한다. 아파트에 살고 싶으면 아파트형 시설에, 아파트가 답답한 사람은 기존처럼 넓은 마당이 있는 시설이나, 주택형 시설에 살 수 있어야 한다.

이렇게 시설의 형태가 다양해지면 장애의 특성이나, 장애 정도를 고려해 세밀한 서비스가 가능하도록 인건비나 운영비 지원 기준 등의 지침도 변해야 한다.

기존의 대규모 시설, 노후화된 시설은 이러한 변화에 발맞춰 나아갈 수 있도록 정부의 적극적인 지원이 있어야 한다. 예산을 지원하지 않으면서 '소규모, 탈시설 등의

---

7 1장, '우리, 아파트에 살아도 되나요?' 참조

8 시설에서 살고 싶으면 시설에, 혼자 살고 싶으면 혼자, 여럿이 모여 공동생활을 하고 싶으면 그렇게 할 수 있도록 선택지가 많아야 한다. 실제로 동백원에서는 젊은 나이에 자립하여 혼자 아파트에 살면서 활동보조 서비스를 받다가 나이가 드니 외롭다며 다시 입소하여 여러 사람들과 함께 살고 싶어하는 분이 있었다. 하지만 현재 정책상 재입소는 어렵다.

변화에 동참하라'고만 주문하는 것은 변화에 대한 의지가 없는 것과 다름없다.

　우리 사회의 장애 인식 개선도 시급하다. 처음 우리가 이사 나왔을 때는 우리가 이 지역사회에 적응해야 한다고만 생각했다. 그런데 생활을 하다 보니 생각이 바뀌었다. 비장애인도 장애인에 적응해야 한다.

　우리가 아파트에 이사 오며 겪었던 것처럼 아직도 장애인을 우리와 같은 '사람'이 아니라고 생각하거나, 멀리서 보이면 피해 가는 사람도 많다. 장애인도 이 사회의 어엿한 구성원이다. 그것을 인정해야 한다. 장애인도, 비장애인도 한 사회에서 함께 살아가는 사람들이다.

　물리적인 변화도 필요하다. 휠체어를 탄 사람, 걸음걸이가 불편한 사람, 계단이 무서운 사람 등 여러 유형의 장애인이 쉽게 드나들 수 있는 곳이 많지 않다. 우리나라의 상가는 1층에 있더라도 입구에 턱이 있는 경우가 대부분이기 때문이다. 건물 2층, 3층을 갈 때도 마찬가지다. 건물 안에는 엘리베이터가 설치되어 있더라도, 그 건물 입구는 한 칸이라도 턱이 있는 경우가 많다. 경사로는 공공기관이 아니고서는 찾아보기 힘들다.

우리 사회의 제도적인 측면, 물리적인 측면, 그리고 정신적인 측면 모두에서 변화가 일어나야 한다. 그렇게 차이가 차별이 되지 않는 세상이 만들어진다.

우리는 모두가 행복한 세상을 꿈꾼다.